大展好書　好書大展
品嘗好書　冠群可期

武術特輯
58

中國循經太極拳二十四式教程

李兆生 著

大展出版社有限公司

李兆生先生拳照

李兆生先生拳照

1999 年在廣西南寧舉辦《李兆生翰墨藝術成就展》時
與邵華將軍合影

在中央電視台《中國風神兵武庫》節目中作嘉賓，暢談武術

在冰天雪地的哈爾濱
演練太極拳

在武當山演練太極拳和兵器

在第三屆
全國武當拳功
理功法研討會
上作專題演講

1998 年參加在
北京釣魚台國賓館舉
辦的「改革二十年書
法聯誼會暨精品展」

1997 年在天津出
席中國書法藝術節

作為中國當代
知名書畫家，李兆
生先生熱情地為愛
好者揮毫潑墨，贏
得一片讚嘆

在首屆民族
文化藝術品博覽
會上，懸空飛書
「昌盛」二字

精雕細刻，
刀下展彩虹

李兆生先生個人
書畫展示

序

　　隨著科學的日益昌明，人們在探索自然而使物質文明極大豐富的過程中，不斷地追求完善和淨化自我，對健康也提出了更高的要求，回歸自然正是時代的心聲。縱觀人類文明，中華民族在完善和淨化自我方面爲人類作出了很大貢獻，留下了很多寶貴遺產。

　　早在兩千多年前，老子便提出了「道法自然」，教化人們要效法自然，順應自然。「道法自然」的脈系，塑造了無以數計的眞如前賢，他們以自身的經歷，在人們心中留下不可磨滅的痕跡。人類在發現「天垂象」的漫長歲月裡，同時以「天垂之象」銘證古今，以日月循天之理擬比人身氣血循經，這種人天合一的律曆、息脈，一直在人身本體內產生使人類進化的作用。人類走向文明，醫學、曆法、天文、氣象、丹砂、藥物、武學……這是伴隨著人類進步留下的足跡。

　　「天行健，君子以自強不息」，正是前賢對宇宙自然規律性的觀察，並以此向人們述說做人的道理。人身的氣血循經則是人身中的自然屬性，也正如「天行健」所描述宇宙的規律那樣，十二正經如水火相推，如環無端，運化在其中的則是人身中的元氣。若

是違背了自然，則產生了人的種種疾病和痛苦，直至氣絕而亡。

故而先賢種種造詣無不以接近於天垂之象的循經爲準則，以使人們遠離疾苦、頤養天年而得享天然。

回顧悠久的歷史，太極拳作爲中華民族的瑰寶，不僅是廣爲人知的太極操，而且先賢賦予其深刻的內蘊。內操的循經是人的自然之性，正如日月之經天，是悠久歲月中人類走向文明、回歸自然的縮影。

太極拳之循經內練使人們體會身體中氣血的運行、流速、脈道，從而體會太極之理、自然之情……從太極拳的操練中，不只是學習太極拳的動作，而是透過動作來完善人類自我，是統一、淨化自我的開始。

今天人們對健康的追求也應依照過去前賢們留下的痕跡，因爲這是歷經歲月煙塵而不能掩遮、消失的痕跡。現在人們提起循經，多由於其傳統文化的不足而畏其艱深，或苦於無從下手而紙上談兵。

太極拳循經內練就其操演而言，並不像人們想像的那樣簡單，因爲經脈是人體中的自然現象，人的一舉手、一投足無不影響著人的經脈中的氣血運行。

對於太極拳而言，只要能按照標準正確地操練動作，人身中的氣血則自然隨著太極拳的操練而按照循經來循行。

現代人由於生活受到環境的限制，或缺乏認眞的精神而忽略了動作的精確性，或因生活的奔波而疏於操練，雖操練太極拳而未能得之三昧，深諳循經內練

之妙用，而誤認爲前人多作虛妄之談。

　　對於太極拳的循經內練，若果能深得其中之精髓，首當其衝則是個人身體受益。在日復一日的操演中，身中的氣血隨著動作運化於全身，宣化肝脾，明顯地增加飲食，增進水穀之氣對人體生命的保障，疏通經絡，從而推動著人的生命活動之根本——眞元之氣潤澤周身，使之「元氣潤大千，周野全四極」，五臟六腑都受到眞氣的溫養，乃至眞華外顯，使每一根毛髮都受到潤澤。隨著眞元之氣的飽滿，「元氣俱足而諸邪俱退」，也就遠離了疾苦。同時「五臟堅實而使人長壽」，自然而然就能益壽延年。

　　伴隨著體質的改善，在領略到「道法自然」的魅力之後，人的精神面貌也隨之煥然一新。透過持之以恆的鍛鍊，並且經常用一種積極的心態來改善自我，人的靈魂自然得到昇華，能更積極地面對人生的風風雨雨。

　　循經太極拳秉承宗風敎化，譜文齊備，唱頌雅言，內含諸多學識，能使學人在鍛鍊之外領略宗風神韻，補充其缺少的傳統文化，實有一箭雙鵰之效果。

目　錄

第 **1** 章

太極拳的演化歷史

公元前三世紀的神仙學說一直是人類嚮往自由的神活理想，秦始皇派大臣率數千人去海外仙山尋長生不死之藥。公元前二世紀，佛教進入中國，當時一些學者為與佛教分庭抗禮而成立道教，在神仙學說的基礎上，推老子李耳為道家道教的始祖。唐代，佛教密宗傳入中國。宋元時期成為武林內功的鼎盛時期，分列為武當、少林、崑崙、華山、天山、雪山、千山、峨嵋、崆峒等九大派系，有「九派至尊隱江湖」之說傳世。後來「修真」成為「九宗共仰」之學，至今尚有「真元修真法」及「丹成九轉圖」流授於世。

在社會上武林風範、修真修為的漫波之中，在「九脈雁陣」的海潮裡，太極拳只是一種小操持之作為。由於後來歷史上的五百年封真，宗風遁跡，隱形江湖，才給了太極拳傳播的機遇，太極拳的生命成為一道燦爛的彩虹，超越時空，為今天留下了深刻的影響。

第一節　太極拳的問世

明代在國學史上是輝煌時期。就太極拳而論，明代也是

一個特異的歲月。明代以傳統國學為代表的民族文化空前絢麗，太極拳的權威代表人物張三豐祖師，將內家學脈創後來宗風，開一代先河。人稱張三豐祖師創太極拳弘揚天下，尊崇張三豐是合於情理的。在武當的門派之中，太極拳也是一個門戶，是相間於自然門與金門的修為。

從史學參真而言，太極拳尊張三豐為開山祖師，是指張三豐將唐代傳之先天太極拳納合於丹道，融武學丹道於一物，故使太極與丹法合參之共性，歸於參同周易。丹道以靜潛動，太極為拳，以動循「易」之律，而經化乾陽。因而武功參同修真，再造血肉神魂，使太極拳有了一個超越空前的嶄新生命，使太極拳開一代先河，作為內家一脈而傳於後世。

太極拳自明代以後納入武學、丹法，內循經脈、外操形骸。「在人類的歷史上始終存在著一種巨大的隱藏力量，這些力量在時間的作用下，有的繼以發展，有的予以淡忘。這種人類所特有的力量中，交織了多種學科的相互滲化。」（《翰墨緣·中國丹道家飾文藝術·序》）

明代張三豐創太極，使太極拳弘真傳世。從此時起，明代以後的太極拳的傳續昌盛弘達。這個時代也正是太極拳傳世走向演化發展的開始。

張三豐承襲「內以養生、外以卻惡」，而以「內執丹道、外顯金鋒」示之後人。古人指出，「心生念，念欲成物。」天地陰陽造物，形成大千世界。故修真以「淨化身心諸念」為律，全形之作為，聖人習之，賢者則之，留下「登頂行聖」之法。古人綜上所涉，由悟徹始，追溯以往，以「極致所終」為悟的方法。當時均伴以天文、地理、氣象、

醫藥、煉丹諸學為一定課識。故丹道以內操而形成體態的改變，則仙家練精化氣以充形，練氣化神以充慧，練神還虛以證道法自然。太虛合道，返璞歸真而已矣。

可見三豐師祖乃是致力於丹道，而太極拳乃丹家外形有術之操修。其傳承也是如此，有宗傳，有泛傳，各居次第層次。雖然是太極拳之傳宗，也必然要涉及丹法內操與外現有形的專持。

就太極而論傳次，三豐祖師傳張松溪、張翠山、王宗岳，這些是太極拳在社會上有影響的法脈。尤其是王宗岳後傳體系，在近代太極拳的運動中有較深影響。除此一脈而外，還存在著更重要的丹脈宗風的流傳，這便是隱於武林、鮮為世人所知的六脈太極傳真。

第二節　六脈太極傳真魂

在九脈合真之後，武林宗脈的傳襲起了變化。明代九脈合真的創舉，使國術與武學修真進入到劃時代的頂峰時期。先賢們將其「一脈真諭系嫡傳」的寶藏，封存石壁。「上可承啟千古先賢之哲道，下可以統元傳世示之後人」，「從此大千傳寶藏」。在輝煌璀璨的學術運動之後，「萬法歸宗」這一脈真諭開始慎重傳世。此刻也是「封真五百年」的作為開始（參見封真文化）。

二百年後，在武林中又「封法三百年」。前者是指「等閒深藏石室內，有緣得悟舊華豁」，「統元並傳修真本」之道法（概指修真丹道的精傳）。後者是指「由武入道」的內功，通向修真、氣化內操的修為。至於古人為什麼「封

真」，採取「封真」的方針是在什麼歷史條件下確立的，這是筆者在「封真文化」脈流的續筆中所要書寫的內容。這段史實為後來留下的影響，則是武林宗風由九脈合真而後，轉入九脈流真的慘淡局面。九脈合真而後，「封真」隨之響徹武林，武林中的宗風脈傳多作隱真，潛形江湖，遁跡山野，匿人事，盡天年，一時宗風暗淡。

當年武當山曾有封法五百年的舊傳（其中脈傳武學封法三百年），其終止時刻是公元一九八四年甲子計年正月初一丙寅日之時。這些舊傳之說無須究其子午，均是過去歷史上的傳痕（參閱《白鶴真人羽化全真神圖・說真》），亦如歷史文獻的記載一樣，已成舊傳經傳的典律……

筆者還是以舊傳說舊傳吧。修真而事仙的史實，並非像不周山之遙想天真。經過日月消磨的修真，確是史實的真況。真元法脈，由明而後封真石壁，已成舊跡。若從先祖當年「石壁封真」、封法五百年不傳的遺訓時起，古傳的這些「真宗法律」、古鑒養真之學，雖有蓋世之楷範，亦只可嫡延其宗，不能使世人泛知其博大，概聞其深邃，致使失傳斷代至今。

「九脈流真」泛指各有嫡傳，匿藏而修的脈系，在宗風隱跡的時刻，有的直接轉入藏真之域，有的一時難以入流潛行。前者無可非議地轉入封真的天地之中隱承其學，後者因宗風密持，將脈學具傳的神功斂形，絕跡於世而操修。這就需要在修為的形跡上進行改良，轉化風格。

內功精習者必須內通氣脈，有絕技懷真者又要外斂形跡。內通氣脈是行丹道淘盡人生歲月的隱真，不失脈學，又要行氣練真以延宗。外斂形跡使得武林絕技不能每日盡情操

修，先賢老少皆掩其行藏。一方面要復傳武道，另一方面又要享盡天年，基於這兩方面的原則，武林才在學風的修為上蛻化出六脈太極之體系。

六脈太極，是應合「封真」的需要，將神功絕技改良為之，名為先天太極六脈。其風格是納武於丹道，以太極陰陽、剛柔、動靜為體。內有循經而盡丹道之為，外斂行跡復享天年之倫。形式上由二儀而生三才四象、五行八卦，操之而出。這種內外互含、各有行藏的太極修為漸成面貌。改良後的新生命，其內求則循經日月，盡丹道之為，外行則是收斂行藏，以圖天年之道永，即化險絕為平和，化剛強勇猛為柔緩。中含先天一脈，順陰陽而升降，修四時而為真，演外形而重內操，精神氣血神息為用，陰陽有象之形匯在乾坤坎離之中。時太極為體，混元為跡，這是當年六脈行真的先天太極拳之特點。此六脈乃混元太極、龍虎太極、如意太極、乾元太極、渾天太極、先天太極。

封真後的正宗沉砂隱跡復使太極六脈出現。先賢們概言之為先天太極，一是蔽人耳目，二是自娛其真。這樣先天一脈流傳，其風格依然不減宗風神采，以纏經、循經內斂、技擊為譽。技擊乃武林遺風，內操為丹家潛流。

六脈太極經演化，流傳於武林。多數人少壯之年勤操爭殺之勢，壯年之後身心學為漸漸經養，故由武而及修身。神仙氣重，多操內斂內養。武林宗風分化期於必然；或流泛化於俗，漸為民間傳承；或流潛跡山野，精修武事；或流以武參真兼於道學；或流事仙而融武持，故有仙道禁法並傳武林。諸流之承均以氣養形骸，外積功果，而事濟疾苦於蒼黎，因果受不一，始有諸種風格傳之於世。太極風格乃是泛

傳於武林的修為，一則保其身心之經養，二可隱行跡於世間。又有後學之人，艱辛操持，武林密持之行經漸藏，這是武學流於俗而泛化的歷史依據。

是封真而後，武持漸文，當年的仁賢在武學風格改良的時代，斂行藏於寓居，操筆墨而拭文風，多將絕學筆傳神韻，因此，以文論武之風漸興，故使這個時期的文風漸盛，多少人留下筆墨詩文纂記傳承武林。

就此而論，泛化於這個時期的宗傳，每見文筆佳作傳之。按此修為，凡是宗風脈持的傳真，若無文筆之修為，豈可言宗，定是平川俗子而舞，泛傳流弊，不可以宗風論。這便是這個時代的特徵。這個時期的筆墨翰影皆盡當時之藝苑，隸屬明代的文采風真。今天考證斯學，更要以此為原則依據，將其修為涇渭分別，以分次第。

延順時間的次序，下一段的歲月則是「星野時期」，正值明末清初之際，社會動盪，人事糾紛，朝野烘蒸。武林宗風潛跡而後，江湖武壇又是幾度的風雲際會。

第三節　中國近現代太極拳的歷史

國術上出現的九脈沉砂「星野時期」，是指宗風潛跡，散流泛化為真的歲月。這個過程中各家風格風起雲湧，有代表性、有影響的則是楊露禪。他將太極拳中的武學傳承下來，同時又傳播於社會，留下健身、鬆軟的風格，乃至眾多不肯下苦工夫習武的人也能熱衷於太極拳。這一點不能不說是楊露禪的努力。同時社會上各家流行於世的太極拳創始人，又大多是楊的徒弟。這樣看來，楊露禪在太極拳的近代

史上不能不說是一位有代表、有影響的人物。

相對而言，那些言祖而不言師，清守舊律，不肯看門護院，不去保鏢，不為斗米折腰，渴死不飲盜泉之水的仁真大賢，甘守武事丹學，為宗風脈襲，歷代艱守洞天，世人並不知道。但是，這些操持舊律的修為，畢竟是今天研探宗風脈傳急切尋找的種子。

隨著時間的推移，這幾家有生氣的流派代表人物，遂而成為民間的拳師、老武術家，師徒相襲，慘淡經營。從當年張三豐祖開脈，至當今的局面，則是泛化為俗的階段。這個時期太極拳從體系、操修、學風上又有了異常的變化。表面上看諸家蜂起，可謂學術繁榮、百花齊放。而究其拳經的操為，則有失經緯之態。真正的修為應該是宗風暢然，決不是家風渙散而自力自為。

隨著時代的需要、人們生活條件環境的改善，對修做演真的操持，也相對地仁智相見。諸種風姿的太極拳互相爭奇鬥艷，使初習者莫衷一是。但是，儘管在表現的形式上存在著分歧，太極拳的價值及其意義，在人們的腦海中的印象日益深刻，愛好者日眾。太極拳對社會的貢獻，在人們心中越發明確。

從 20 世紀 30 年代起，太極拳的社會地位日益提高。全佑之徒孫吳圖南於年輕時寫了《科學化的國術——太極拳》，醫家傅增湘也著有《太極拳》，諸家著文，以強種救國的文化背景，推廣太極拳。

新中國成立之後，太極拳則成為人們生活中較為普及的健身運動。於是 1956 年國家體育運動委員會編訂了僅有二十四式的普及套路，稱為簡化太極拳。1958 年編定提升套

路八十八式太極拳。這個客觀存在的基礎，必然使太極拳學術得到普及提升。伴隨著這大好形勢，熱心於這項事業的人越來越多。文化大革命似暴風驟雨，傳統文化受到慘重的打擊。表面上看，太極拳並沒有間斷，雖然也有過批判改革，把「玉女穿梭」改為「四海翻騰」之類，形式上還是持續下來，實質上傳統的文化在幾代人心目中失掉聲譽。

「當今傳統學識不足是社會上較為普遍的現象，歷史上前人留給今天的內容已經是絕技驚天了。可是，因為時代的起伏、歲月的風雨，使人們將這些絕學遺忘而造成無知。近年來，傳統的脈學宗傳，雖然被世人所重，一些學者名家也致力於此而奮蹄。但由於歷史條件的各種局限，致使史學上的流真荒在瑞野，真知少識，而使某些畫皮得以充真。為了廣剖珠晶，讓散失的文化重煥本顏，是筆者書作的緣起，也好讓後人在學識上有所依據，有所證真。這既是正本清源，同時又是請世人也應為此作出艱辛的努力」（《翰墨緣》）。

從六脈太極的產生到正宗遁跡山野，復使民間散流成為「正宗」。在楊露禪之後，接受學習的徒子徒孫，多是由家傳形成脈系的。民國初年時的社會文化，曾把太極拳推為強種救國的一種希望。新中國成立後，太極拳成了人民普及健身需要的項目。太極拳已經是一種社會性的文化運動。無論太極學脈怎樣演變延革，其根本原則是不可丟掉的。一旦丟掉了這些形成太極拳生命的根骸，就不成其為太極拳了。

自太極拳形成生命的那一天起，其不同於其他學風的面目，則是內操所形成的內在「循經」現象。這也正是形成內家功夫神魂的生命。

形意與八卦之不屬於內家，是在其行功中沒有形成完整的「循經」軌跡之象。而單純出現循經現象，是不可以稱之為內家的。因為不能在內操中「氣脈循經，陰陽相繫，水火相推，如環無端，貫通一氣」，沒有完整的循經內操，是丹家修為禁忌的「真氣外游」。久而行之，遲早出現走火現象。如果沒有循經現象模擬太極拳的運動，那只能稱作太極娛樂之「體操」（太極操）了。

凡是稱作太極拳的運動，不管外形怎樣結構連穿，都不要忘記了太極拳的定義是內操和內操產生的循經，這一點在當年武林中才使太極拳享有崇高聲譽。而今之所創太極拳，只具有養生之功能，而無內操循經之境界。因此，權衡太極拳生命的準繩，則是審其運動能否產生陰陽運化的內在循經，這種循丹經內脈的潛氣內行之特殊行功，是太極拳的命脈所在，否則就不是當年內操所涵的價值。

目前僅有的在社會上曾經流傳過的太極拳經以及傳世譜文，事實上眾多太極拳的修為者都不讀，欠缺真正的理性指導。流行太極拳的書籍中已經看不到傳統的經典理論了。

從太極拳產生至今，任何人不能否認「以道演武，以武隱真」的歷史現象。太極拳從當年內操循經的風格，到今天失掉循經內涵的所謂科學改良，在學術上是尚需啟蒙的，這樣才會真正科學地還原其本來清潔面目。

並非古人不懂科學而是今人丟掉傳統，盲談科學，或者說用科學二字來遮蓋因缺少學識所造成的無知。本來先天太極之內操，是丹家外功之修為。俗說陳發科日練行功三十遍，從不間斷，是人們學習的楷模。可以肯定地說，筆者讀過的大多著述的動作，每見經脈陰陽糾葛不清，水火失去衡

準，言詞中多違聖真之遺訓，讓人閱後淡然。這樣說來，讀者會疑作者妄言，恐失其實。

此中疑意人人盡有其心，非是筆者緊守古律，今人不可創新。其中隱情，非人人明瞭。夫丹家內操，脈行子午，法用乾坤，是循陰陽而為律，納四時而為真，進火退符。陰陽息律與天地日月同行出之一轍，故古人謂之天人合一。勢星移斗轉而成歲月之期，人身氣脈升於子而降於午，卯酉相沖，子丑午未相合。人身經脈與天地同期，此自然之屬性，焉可更改？

古人言天地生萬物，萬物各陰陽，人能造萬物，萬物未有常。世間萬類萬物，皆順天地陰陽之性，人體內律是人為不可更改的（科學言生物鐘，醫家針灸子午流注，十二經氣血循經，起於子而終於亥）。太極遵循丹家脈息之律，「一呼一吸，脈行六寸，一晝夜一萬三千五百息，脈行八百一十丈。」丹家專持之法，水撞金輪，金風吹脈，純係內操，非人為可以更改。真氣順日月經天之序，內家法陰陽而行內操，脈道氣血穴道，天地日月循軌，一年四時八節，二十四氣，誰可以改張？須知凡內操行功，一舉手投足，體內氣血俱行，是按四時而為律，合養元真。是為內操，法貴精專，人貴勤奮。凡事莫將天理錯，造物休同古人爭。此自然之屬性，天下萬物俱效之。試問人身三陰三陽之氣脈循經，豈可反常？故內操之學，當慎之再慎。

真正內操立法有一定之律，不能有更改，故古人稱太極拳為先天拳。正宗之風範，以武演道，以術合道，只可以順化，不可更改。順化不尊，豈可超常。難怪古之仁賢創太極之學，乃深悟先天再造之玄律，丹家大成之有為。非似時人

草莽，不循規矩，誤己可悲，誤人可嘆。倒是像其他競技、娛樂等運動，沒有循經，運作不究陰陽向背之理。若是以內家內修內操而觀之，則動作影響氣機的脈行。初時沒有向背陰陽，內循沒有應息；久習氣血分經流注，事非出之。動作脈序以周經而注流，久聚呈真，久為成象，納甲周宮。動作運動轉換如有一處不工，則真氣外游，非但無益，貽害無窮。故內操運動，先問動作，陰陽轉換，架勢要真，開合要準，法不厭精。

太極拳這種失掉衡準的勢態，已經不是當年的內操修為了。這種局面與當年走向民間的老拳師們沒有把握宗風的脈絡有關。自我缺少文化，缺少社會上的地位，這恐怕是太極拳沉浮的關鍵吧！這些當年在太極藝壇上爭奇鬥艷的脈流的傳人，已經成為民間的老藝人、老拳師、老武術家。他們是民間遺存諸家脈傳的力量，晚年授徒很少。而他們精力充沛時教的徒弟，有的為生計奔波，有的借此變為大家，前者棄藝投生，後者成為社會上的活動家。這些當年成為脈流的宗傳，流落之後很難保持拳種的傳統風格。

當今的太極拳之盛況，已然是諸家繁榮的局面，學校體育教育者，用自我優於老拳師的條件，在教育領域、體育領域，著書立說，開展比賽，使武術家的家傳之學推向社會，改良、撰編，形成今天的所謂規定套路。而那些武術家的脈傳，則被美其名而譽為民間的拳師被挖掘的傳統套路。社會上活動家，已經漸成羽翼，漸漸抵制民間的脈傳。老拳師所謂宗風，也要適應新的潮流，也要符合教授們談的科學規定。筆者想起在 1987 年武當山首屆擂臺賽時，聽到沙國政先生熱淚盈眶地說：「我們這些老拳師，外國人來了，讓我

們出來表演，讓外國人看看我們還有一把鬍子，讓外國人知道中國的武術可以健身長壽，這麼大歲數還能練武術。表演完了，沒我們的事了。……我的徒弟是教授，我還是一個全國出名的民間老拳師，我們這些老傢伙沒有幾個了，一年比一年少……」言語間有多少難言之隱。

沙老先生懷著難以忍受的心緒，敘說以往的時候，人們便會知道一些優秀的宗傳，已由社會活動家代替，武術家漸漸退出了太極拳舞臺。

儘管如此，社會上的有志之士，也不遺餘力地為宗風而弘仁，近年來諸種書刊，也束鱗西爪地介紹傳統功夫，挖掘整理，其中也有一些好的內容，接近宗傳的脈流。本來宗風的脈流在封真歲月而後的年華中，已經心地坦然，老居家園。所以，當年筆者聽沙先生感慨之餘音時，淡淡一笑，同沙老前行……

雖然是寫太極拳史，筆者又搖筆從章，隨意泛波，寫幾個真人真事，也算是較為生動的例子。再寫一下自我吧，好多朋友勸我不要把話說得這樣直，有時勸我，不要談別人的錯。我覺得任何事物相比之下，都有高下之別、優劣之分。這與佛說「眾生皆有佛性」「一十大小平」「諸法空相」「法無高下，諸法平等」是兩回事，不能苟同。

事實上，只有那些偽劣東西，才不敢比較，才說大家都好。如今站在教學的基點上，要向學生交待清楚事情的根由始末。好壞的層次，要分析得恰到好處，倘若真是一個遠識之士，就能敢於聽、敢於說好與不好的！

「無邊落木蕭蕭下，不盡長江滾滾來」。宗風脈傳並沒有因之而沉落。當年老拳師們的心境會隨宗流學脈弘仁暢

情。筆者多說了話，多費了筆墨，是追說其源流沿革，追說以往，為使讀者臻全太極的生命，究其形做而為，還其本來純樸的天真之態，使後學明瞭太極學脈。凡事須求本質，不在表面動作，要知道權衡、審定太極拳的標準，是在內操的基礎上進行的。內操不足，再好看也沒有用。擺在太極拳同好者面前的路，是為其健康成長而努力。希望熱衷於太極學的活動家多向宗風討教，充實自己的學識，不恥下問，使自己真的變成名副其實的修持者。

在這個基礎上，再寫東西，這樣的內容真實不虛，經得住歲月的推敲與考驗。同時也希望廣大繼任者擔負起重振太極內操的宗風之重任，給散流以接近正宗的機會，多啟發，多從本質上談修為。

第四節　中國循經太極拳通詮解真

如前文所言，太極拳已經從修真之士的丹道外功逐步成為具有健身、鬆軟風格的太極操，直至成為全民健身運動中人人喜愛的群眾活動。而當今二十四式簡化太極拳，已經在民眾中廣泛流傳，形成社會影響。為了提高其保健作用，提高鍛鍊層次，繼而達到太極拳實質性地昇華，健全其內操效果，把動作姿勢稍作調節。調節後使動作規範化，略加準確化（**以人體氣脈循經為準據，以接近符合陰陽氣脈循纏為準度，使其能向內操煉氣、循經合脈的方向上靠近。**）真正地將簡化太極拳與中國醫學、中國武學中氣脈流通之內操內練學識接軌，「陰陽相貫，如環無端」，納入「不偏不倚，忽隱忽現」，達到平衡陰陽內操內家的宗風脈流中，使其成為

方圓合度、循經衡準的太極修為，提高健康保健益壽強身的效果，故稱為「中國循經太極拳二十四式」。

正如傳統的啟蒙教育的《百家姓》《千字文》如今已經不能被大多數人所背出那樣，傳統武學也漸漸遠離了人們。中國循經太極拳二十四式雖能使人們逐步認識傳統武學和傳統文化，受到傳統的薰陶，但是，對於剛剛學習循經的人們而言，循經內操只是剛剛起步，一方面需要一些基礎動作以運化全身氣血，打好練習太極拳的基礎；另一方面對於其中的精微之處則需要學人透過進一步的專持，同時學習傳統文化，方能練好循經太極拳。

中國循經太極拳二十四式自問世以來，已四度於武當山廣授於社會，引起了眾多太極拳愛好者的喜愛。《中國循經太極拳通詮解真》一方面由大量的文卷對太極拳的文化學術內涵進行闡釋，一方面結合廣授於社會的講課內容，精選出適合於不同體質的太極拳愛好者的基礎和專持內容，使學人能更好地體會和學習太極拳的循經內練，方有登堂入室之徑。因為太極拳也是武學，故而須有剛猛之專持方能示之以武，以適應於年輕人的體質要求。

第 **2** 章

中國循經太極拳
標準教程綱要

第一節　中國循經太極拳標準
教程綱要簡釋

　　正如前文所言，太極拳是中國傳統文化孕育的一顆明珠，因而學好、練好甚至教好太極拳是需要付出艱辛的。這種艱辛不僅是日夜操拳的滴滴汗水，並且表現在「學富五車」的淵博學識上。但這對於傳統文化缺乏的人們而言，往往有不知從何處下手之感嘆。

　　《中國循經太極拳內操圖示》給太極拳的愛好者以循經太極拳的學習綱要，從文武兩途講述循經太極拳的理法、行拳的要領和太極拳的內在血肉和骨架，並簡要指出了學好太極拳所需的中國傳統文化知識，同時給出了作為循經太極拳的初學者所應具有的操修基礎。

　　「循經太極拳內操圖示」分為左右、上下四個部分。由下而上是學者隨著學識和操修的深入所達到的境界。太極拳的內在血肉和骨架則為左右兩個部分，分屬文武兩途，表明學人應文武雙修，文武兩境互滋互換，相互轉化。最左和最

右為循經太極拳所應具有的知識和操修基礎，無此則不為循經太極拳。最上為丹經武學，以示循經太極拳進入丹經武學之徑。本文將由下而上，由武及文即由淺入深地介紹中國循經太極拳的內操圖示。

簡單地說，「**武**」的方面即是實際的操修，是對身體的鍛鍊、對氣血的運化，而「**文**」則是對文化知識的學習，是神意情思中的暢遊、嚴謹完整的學識體系。武當太乙鐵鬆派十二代師尊閻政昌先生曾言，「沒有三絕在身，不能說是武當傳人」。在封建社會幾千年的習慣中，一直沿習著「文武同宗」，文可安邦，武可定國，科舉中也有文武雙全的「龍虎狀元」。

《中國太極拳統真大典》云：「古人通過精研，文武兼修達水乳交融。文中有武，武中有文，文人的書卷氣與武夫的陽剛氣相互化合而昇華，達到完美的境界，形成中國傳統文化當中獨特的生命。歷史上湧現出無數傑出的人物，留下多少傳統文化奇珍。今天，研究繼承傳統文武齊馳的修為，讓傳統文化服務於時代，具有現實意義。」

文武兩途是入手學任何傳統學識的基礎，這是不言而喻的。只注重鍛鍊身體、注重武功，只是一介武夫而已，若不進行實際的操修，對循經太極拳只是霧裡看花罷了，並無太多實際的作用。

在文武齊馳的日夜薰陶下，「通過日夜的操修和反覆的學習知識，而轉化為真知內得」。通俗地講，也就是實踐與理論相統一，王宗岳當年「呆若木雞」，可見用功之深，惟如此方能通達。《中國太極拳統真大典》則有更深入的描述：「概言內得之真知真慧，並非偶然，若求之內得，當效

之先賢，不折不撓，依法而行，依律而持。默默之中，無事於心，無心於事，久久持之，自然而得之天然為耳。簡而言之，秉承宗學，尊師所授，行之一貫，幾近天真也矣。」

對於武的方面而言，「**宣化肝脾，增進飲食，強健身體，再造精神**」為循經太極拳鍛鍊之根本。僅就常識而言，多吃飯、多運動，才能使身心強健。人的生命又是由先天、後天兩大部分組成，先天的元精、元氣、元神是生命的前提，它孕育了後天的精、氣、神。傳統的修持，是以後天滋養先天。「萬物水中生」，是指先天腎水元氣以成人；「萬物土中生」，是指後天生身的水穀之養，無有後天水穀之氣的充實身心，何來元氣的運化？

《修真詣疑》云：「初使五漏之軀得補漏之用，以全真體。行『修牆補屋』之法，育化純陽，此行功之初也。以至後有飛升之舉，法合太虛，虛空粉碎乃證之大道顯微乎。」循經太極拳為傳統文化哺育下的花朵，故而也應守此舊律。此處概言一切生化之根本為增進水穀之養，能再造人天。

在身心強健的基礎上，人「**得到水穀之氣的溫養而真元日充**」，此真元之氣為人身生命之本。武術界流傳著人人皆知的諺語：「內練一口氣，外練筋骨皮。」內練一口氣不是喘氣的氣，不是呼吸的氣，而是人體中元氣的振動，也就是人體當中祖氣的振動，真元之氣的振動。醫學經典中有記載，「**一呼一吸脈行六寸**」，這呼吸並不是指喘氣，是指先天祖氣真元之氣在體內的振動。

丹醫大師周潛川先生曾為國家第一任衛生部部長郭子化診病、治療。周氏對太極拳亦有研究，並對太極拳有過建議。周潛川的《氣功藥餌療法與救治偏差手術》緒言中，能

讓我們了解古人的境界，了解傳統理論對脈息的解釋，而真正踏入「內練一口氣」的循經操練。

因此，古人對「靜」的作用，首先在呼吸上發現了所謂「眾妙之門」「天地之根」的道理，體會出一呼一吸，一升一降，上會眩中，下沉丹田，氣脈運行，周遍全身的「景象」。更精細地體驗和觀察，統計呼吸與循環作用，「一呼一吸，脈行六寸」「一晝一夜，呼吸一萬三千五百通，脈行八百一十丈」……因練氣而影響全身的循環作用，這叫做「修脈」……統計全身共有「二十部奇正相因」的脈道，每一條脈道又有轉折屈曲和大會小交的地方，這些地方叫「穴道」……這樣的脈道在人體內遂產生了「陰陽水火相推」「如環無端，莫知其紀」「周天運行」的作用……古人又發現了「氣脈」在「陰陽十二時中」，運行流轉，各有旺時，互相傳遞承授，自寅時由肺經起運，到丑時肝經終止，叫做「子午流注」……古人摸清了活著的人在清靜休息中，從呼吸一直到臟腑的氣脈運行情況，從而掌握了它的規律，於是創造出了光耀古今的「氣化論」「經絡論」。研究這種學問古人叫做「內景」，用「練氣修脈」的方法，主動地支配人體氣脈的平衡，叫做「內景功夫」……這也是中國醫學理論出發點的基礎。

《修真詣疑》云：「當須立基，猶聞世人於修真之先，乃是以後天之情性，發先天之靈根，復始以道。築基者，修真之首要也。何謂之修真，三豐祖師曾云：『持真元以養太和。』或喻修持自身形神，以生發周身之真元氣也。真元之氣又喻為先天之祖氣，或先天一元氣。醫家謂先天腎水、腎氣。道為真元之氣，即先天真氣。修者，即修持真元之正

氣，浩然之氣於自我身中。存正當守，以育神形，或寓剛柔，或蘊神神之導，以鑒元真之性。」

太極拳經語云：「太極之先，本為無極鴻蒙一氣。混然不分，故無極為太極之母。」「人之生世，本有一無極。先天之機是也。迫入後天，即成太極。」

《太平經》中說，「夫物，始於元氣」。《列子·天瑞》曾言：「太初者，氣之始也；太始者，形之始也；太素者，質之始也。」……洋洋灑灑，不外反覆強調此真元之氣於太極拳的行拳、於循經的重要性。

太極內操之根本──真元之氣則合於「太虛呈象，太素生形」等傳統的天人合一的宇宙觀。《靈寶畢法·交媾龍虎》說：「太元初判而有太始，太始之中而有太元，太元之中而有太虛，太虛之中而有太空，太空之中而有太質。太質者，天地清濁之質也，其質如卵，而玄黃之色，乃太空之中一物而已。陽升到天，太極而生陰，以窈冥抱陽而下降。陰降到地，太極而生陽，以恍惚負陽而上升。一升一降，陰降陽升，天地行道，萬物生成。」

古人用《易經》這部古樸的哲學史書，來認識自然界中的萬物生長變化之規律。太極生兩儀，兩儀曰陰陽，二氣交感，產生萬物。天地產生之前的宇宙已充滿了「太合元氣」或稱「混元之氣」。天地生成之後，宇宙的元氣則寓化在天地之中了，這時的先天之氣是陰陽未分的混元階段。直至天下萬物成形，「太極生萬物」，元氣也有了「陰陽顯化」的運行，交注往返，這時的元氣就不再是混元之氣，而是成為孕育萬物的真元太和之氣。

此一氣而分清濁，清者是靈光，濁者是精質，清者而成

象，濁者而結形。靈光從形象而結形，精質從靈象所需而結聚，所以然者，天下萬物各有異態。

　　宇宙產生陰陽的變化，天上地下形成乾（☰）坤（☷）之象，二儀歧分之形。經過若干年月，又出現新的變化。地氣升騰，天氣下注，形成陰陽交感，呈於卦象為地天交泰（☷☰），產生了生命，即古人所言的「三陽交泰產群生」。天地之氣未形成氣機交注之前，卦象為「天地否」態（☰☷）。

　　中國傳統醫學認為，「天人合一」，人博天地宇宙陰陽二氣而剖產性命，入乾道為男，入坤道為女。陰陽感而復生，無有窮盡。人類生成性命之後，全靠真元之氣推動腎水周流，潤澤周身，靠元氣推動血液，循經導脈。

　　「一呼三寸，一吸三寸，一晝夜一萬零三千五百吸，脈行八百一十丈」，循經則是它的原則和要領。脈行八百一十丈在體內走的通道就是脈道。太極拳的「斂氣修脈」就是致力於此。「斂氣」就是把身體中的先天的真元之氣收斂在脈道當中，不要產生真氣外游的現象，不要產生三陰氣脈每每過遲、三陽氣脈時常領先的偏差。

　　在太極拳二十四式完整行功中（在傳統套路裡更加明顯）離不開弧形運動和球形的體現，甚至抱球的動作在行功過程中則反覆出現多次。那麼，太極拳與球的關係是怎樣的呢？動作中所抱的球是稱作太極球還是什麼？若有團斂真元之氣的專持——混元球，則知此球是體內真元之氣所斂而致，是「內有其質外有其象」，而非故意做作之象。

　　混元球是體內的真元之氣得以高度凝集，而形成「有象之形」的行功，天地環宇之氣採納於自身，久而行持，致以

氣化充形。在氣化充形、氣隨形動的鍛鍊過程中，由於體內的「元陰元陽」「積久呈真」「二儀生成易象」，多種靈動孕育生機，產生了豐富多彩、千變萬化的行功。最初的陰陽氣機交感，出現凝聚的真元之氣，經過長期的調節，使散則為氣的虛象，轉為聚則呈形的實形。氣化呈形的有形之象，古人稱之為「太乙混元球」。

「太乙」是指內功行持過程的陰陽交感而形成的活動。「混元球」則是「聚散有形」的結晶顆粒，是在氣化的修持過程中，一種化形的表現形式。球體與自身的導引循經，陰陽氣脈運於自身時，無時不有太極運化之變，從陰陽化合的球體，反正往返的旋轉，大小球形的變化等等均如是。

由混元球而到循經太極拳，也符合古人「天人合一」的自然觀，即是從「無極生太極」「太極生萬物」的自然演化。古人曾喻之：「內有其質，外呈其象。」體內的元氣充實可以活化筋骨，使人益壽長生，漸而由「太乙氣化」產生球體，隨之則有「萬物出於太極」之象。「內運氣化，外展玄功」，由此而演化出後來諸種支派的顯化階段。

「**通過操修令氣血沿順著脈道循行，是為循經**」。真元之氣在體內運轉的軌跡為脈道，中國傳統醫學的經絡論對此有詳盡的闡述。太極拳也詳察陰陽之變，豈可不知人身中的陰陽？醫易同源，天人合一，這在中國的傳統醫學中一脈相習。可參見圖《人身與易的對照》。

人身十二正經，分為六陰六陽。由於陽經發源於腳，故拳經云：「其根在腳」。腰一動，全身都動，統領全身，故拳經云：「主宰於腰。」人身所有陽經匯聚於百會，與會陰遙遙相對，故拳經云：「立身須中正不偏。」人身十二正經

都出於手指和腳趾，手和腳動作的精微之處都調整著人身的氣血經脈運轉，故拳經云：「形於手指。」基於對人身氣血和經脈的認識，拳經云：「每見數年純功，不能運化者，率皆自為人制，雙重之病未悟耳。欲避此病，須知陰陽。」「其病必於腰腿求之」，指出了未能體察人身中陰陽氣脈運化之微妙。由是可知太極學不可不詳察人身陰陽，不可不知身中經脈氣血之行。

在中國傳統醫學中，真元之氣順特定脈道的有規律的循經現象出自「天人合一」的體現觀。宇宙中的循經為日月經天，以宇宙而擬人身，則有「陰陽水火相推」「如環無端，莫知其紀」「周天運行」「一晝一夜，呼吸一萬三千五百通，脈行八百一十丈」，十二正經之運轉。《修真詣疑》云：「天有晝夜而日月行天，運於軌跡，人身之任督猶天之日月，人身之陰陽也，日月行天循為周天，任督交注而氣血流，此人身之周天也。」人們由對循經的觀察，從而創造了馳名中外的「子午流注」：

十二經流注時序歌

肺寅大卯胃辰宮，脾巳心午小未中。

膀申腎酉心包戌，亥三子膽丑肝通。

每見初學太極拳者，動作不舒展，乃是缺少基礎動作之故。體育尚有準備活動，太極拳同樣也需要。小練形針對性強，能很快地調整某一經脈，適於初學者的抻筋拔骨、分經流注的需要，為練好太極拳打下基礎。

玉環椿即是混元四手，作為推進循經太極拳的基礎，從

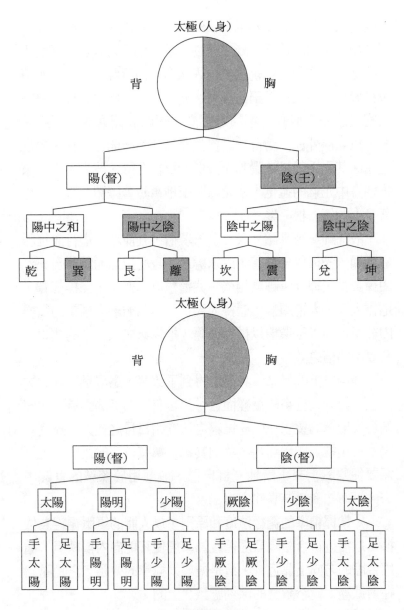

人身與易的對照

二儀呈象判化陰陽而始至金頂沉鋒，身中之元氣隨行功而升至真頂，復由真頂降下隨之而動。予注中元乃收斂元氣而入於丹庭，以周身之氣統收之納入氣海，而行歸元之法。水撞金輪於行功中氣納丹田而後腎水充足，隨之兩手上提之際，坎宮真水隨手而動，復隨之上升。復隨驪龍含珠、玉虛呈華，以氣機外注，隨行功之自然有氣機吞吐開合、往來勞宮之處。其入手就是透過動作身形的反覆升降、開合、吞吐來推進身中元氣的運化，使元氣不斷地薰蒸著臟腑，直至潤化著身上的每一根毛髮。

故《神慧應真圖》云：「玉環樁、九龍環：盡行血推脈之專操，先以色身為基，以求壽永，身心堅固而神氣自充，由練身轉入練神。神氣相依，武道醫泛真普化，淺操修為，遠盡人天，大道須彌，歷持人天。」作為循經太極拳的循經內練而言，以玉環樁以推進循經，推進氣血在身中的運化，有事半功倍之效。

經過以上的操修，身體上得到了改善，還只是一介武夫而已。對於太極拳的循經而言，只是有了初步的認識，而同循經太極拳的要求——「循經之法度如日月之經天，達到陰陽水火相推，如環無端，莫知其紀」還有一定的距離，因而需要從學識上來不斷地充實自己，並應用於練拳的實踐中去，以使知識變為真知內得。

「掌握精準的循經法度和原則，以人體的氣脈循經為依據，以接近符合陰陽氣脈循經為準度使其能向內操練氣，循經合脈的方向上靠近」，這是循經太極拳的要領，它是建立在對循經太極拳譜文的深刻認識之上的。

循經太極拳有《中國循經太極拳二十四式操演譜文》

《中國循經太極拳二十四式內脈循經譜文》《中國循經太極拳二十四式武學概譜》《中國循經太極拳二十四式全體大用篇譜文》四個譜文，分別從不同的方面敘述循經太極拳的要領和內涵。譜文之內容，不僅能看宗風脈傳的關係，看宗傳名稱及其發展之來源，來探討太極拳之動作、風格、發展過程，以及太極學識之淵源關係，並能從諸方面之觀察得到對太極拳的學術思想分析。

　　《話說譜文》云：「稍有一些常識的人，都會理解武林脈系的傳承，是由口傳心授與密本所刊、秘而不宣的口訣相結合而傳世的，尤其是絕代秘不示人的功夫更是如此。常見的一些傳說故事和歷史上的真實記載都是這樣。無疑，『功譜』是橫跨於口傳與不宜兩者間的真憑實據。」

　　「譜文屬『三昧真參法』中『以文觀意』的範疇。縱觀當今社會上流傳的譜文，多屬今人所為，無論是聲律、詞句、文理，都少有風采，更談不上內隱傳真的神韻了。好的譜文在持頌過程中可領略其神采，並潛移默化地受到薰陶冶化。『九脈合真』留下的『一脈真論』是以譜文傳世的。過去的傳承，絕少有書籍記敘，都以律詩這種文體流傳，文卷中洋溢著歷代仁真、先師法祖高深絕妙的神髓絢彩。先人曾將諸類文卷、譜文譽為經卷，供奉堂室叢林，這些內容在歷代被稱之為珍寶，世代相傳，演為宗風，延源已久。」循經太極拳的譜文是循經太極拳的內操之衡準。

　　「**架子動作要精準**」，這需要對操演譜文反覆朗誦，直至爛熟於心。「**循經之法度如日月之經天，達到陰陽水火相推，如環無端，莫知其紀**」。這些內在循經的內容，雖然微妙，卻也可由閱讀譜文而神會於心。

太極拳之瀟灑與沉穩形成獨特的面貌，為人們所喜愛，令人更加陶醉的是它使操練者改善氣質。宗風中的太極拳更是賦予以武演道的內涵，以此作為完善自我的一道階梯。伴隨以武演道的修為成長的精神世界是使太極拳操修煥發光彩的神韻、文宗。太極修練有素者，若不去研習其神韻、文宗，終難以領略古人這種偉大創造之神采，脫離不開一介武夫的影子。正如書法與寫字不同，是其講究法度，有氣質神采，而寫字僅求機械的筆畫間架安排。

完整繼承宗風中的太極拳離不開文武兩途的精習，文武兼修已成宗風的傳統。「文有多高，武有多高；武有多高，文就有多高。」古人又云：「以神入手為上工。」沿著文的道路，古人探索到詩文、書畫、音律、楹對……諸藝以暢其情，以合其道，「藝者，道之形也」。

而譜文內的聲律的振動，則是閱讀譜文中另外一個內隱。近代醫家張錫純《醫學衷中參西錄》曾揭示其中隱奧：「蓋讀書必有聲調，當其呼氣外出之時，必心力下降以鎮其氣，而後其聲悠長，又必須丹田上升以助其氣，而後其聲高遠，此際之一升一降而心腎交矣。內煉家會合嬰兒姹女之功，即交心腎之功，亦即補助元氣之功也，是讀書者之元氣，旋傷而旋能補之，此所以不傷氣也。」又言：「道書謂『呼吸分明了卻仙』……果參透呼吸升降之奧旨，順呼吸之自然，而少加以人力主持，俾心降腎升之力息息互相凝結，有不延年益壽者乎。」

《聲律真詮》云：「古來人類經歷了漫長的歲月，得知音律乃宇宙天地之聲。以音弘法是前人提出來用以通靈達慧的則準，發現形聲的雙重作用下人類通達靈慧的道路，從而

在神思的創造下完成了以文觀意的造作行為。靈性的文化無疑是超越了平凡的極限而建立了靈性自我的系統。在漫長的歲月風煙裡，這種高準的法華又幾度化於俗，流傳民間，哺育了民族而漸演為民俗，漫為現象，形成文化。靈性的文化，透過閱讀、朗讀能使自我的神思情志得到質的改良。從簡單的頌持，音律震動著經脈，心神隨之振動，久之形成共振。這便是從生物物理學的角度去看，若以境地的靈性振動來參化，去分析共振產生神化經由的改變，使之神化自我，使之與靈性的靈境共振。」

太極拳的譜文中有如此之多傳統法乳，沒有一定的閱讀能力和傳統文化的基礎是不能領略其中的神韻的。為此學人需要「**學習傳統文化的各個方面，從醫學的經絡論、氣化論、醫易同源，到天人合一的宇宙觀**」，「**重新認識太極拳的傳統理論**」，才能還太極拳以本來面目，從中得其三昧吧。

如此文武兩途操修，方能使循經太極拳「**能向內操練氣、循經合脈的方向上靠近，讓學人體會循經奧秘，讓世人領略中國太極拳所具有的宗風神韻**」，對身體方有「**斂氣修脈，養氣柔體**」的作用。

循經太極拳的主要特點是養氣柔體，透過斂氣修脈能使「**陰平陽秘，無陰陽離絕之虞，而神采飛揚，一舉手一投足，皆合規矩**」，而循經就這樣產生了。

中醫認為，人的身體是氣血來推動的，氣為血之帥，血為氣之母，氣行血則行。所以說，循經太極拳的操修第一步是要把氣色轉過來，第二要發福。首先要身體健壯，因只有氣血充盈身體才可以胖起來，「財大氣粗」可比喻修真中對

氣血充盈的描述。當運動量達到一定水準以後，斂氣修脈能使你身體中的陰陽氣脈像天平一樣準，從而脾胃消化能力特別強，甚至腸胃功能超越了常人。人的身心改變了，精神、體魄改變了，才能氣血充盈、食慾旺盛。

久而行之，方能盡善於操拳習武，見道養生，不失當年三豐祖師創拳之本意，「**欲天下豪傑延年益壽，不徒作技藝之末也**」。此外，由於太極拳示之以武，故有武勢玉環樁以求武技之演化。在當今傳統文化亟待繼承之時，「**文章行世大神仙**」，需要學人以自己的學識，為繼承和弘揚太極拳作出自己的努力。

丹經武學的修為則超越了太極拳的作為，是傳統宗風脈傳的神魂所在，但都是建立在循經的基礎之上，與太極拳是異流同源，天龍神劍和龍形大草是其中之精微。

此圖示給出了學人以完整的教學大綱，細微之處將在以下分章介紹。

第二節　中國循經太極拳二十四式動作名稱

準備動作

第一勢	太極起手勢	第七勢	左攬雀尾
第二勢	野馬分鬃	第八勢	右攬雀尾
第三勢	白鶴亮翅	第九勢	單鞭
第四勢	摟膝拗步	第十勢	雲手
第五勢	手揮琵琶	第十一勢	單鞭
第六勢	倒攆猴	第十二勢	高探馬

第三節　中國循經太極拳二十四式
　　　動作詳解

準備動作

圖 A 為宗風傳「虎踞」勢的正面圖示。

圖 B 為宗風傳「虎踞」勢的左側圖示，簡作「虎」姿、「虎」勢。

圖 A　　　　　　　　　　　　圖 B

圖C　　　　　　　　　　　　圖D

　　圖C為宗風傳「雙虛樁」，雙足雙腿均平受力，或不
受力。

　　圖D為宗風傳「龍行跨打」勢，簡作「龍」姿、
「龍」勢。

　　圖E為宗風傳「虎踞」勢的右側圖示。

　　圖F與圖D的動作相同，惟左右不同而已。為宗風傳
「龍行跨打」勢，簡作「龍」姿、「龍」勢。

　　圖G與圖C動作相同，惟左右腿不同而已，此為宗風
傳「雙虛樁」。

　　圖H與圖B動作相同，惟左右腿不同而已。簡作
「虎」姿，「虎」勢。

　　準備動作的操練可由圖B起，經圖C至圖D，為「虎
換龍」動作。

　　由圖F起，經圖G至圖H為「龍換虎」動作。學者可
反覆操演。

圖E

圖F

圖G

圖H

操演譜文

天地陰陽妙相生，本是動靜咸化成。

太極爲宗傳武勢，遍撒華夷煥春風。

全體大用

太極拳法意相連，招招式式細經研。

守定中宮無極勢，無形無象養真元。

太虛太極呈有象，陰陽動靜操做拳。

古傳拳經十三勢，今作簡化續前源。

內脈循經

太極拳法古今傳，內隱玄奧要審詮。

氣脈宣通十二經，養真泛武翻作拳。

太乙氣化沖任督，氣血陰陽走遁纏。

二十四式雖簡化，遁經內脈葆真元。

教學要義

在操演之前，首先就太極拳作為中華五千年的文化瑰寶而講述其文化和歷史淵源，愛好太極拳的人們不可不知。

光耀古今的太極拳法，作為中華民族精神文明的代表，已經泛波海內外，形成一種時尚、一種文化而普及開來，塑造著人文精神，象徵和平美好的生活。

但至今研究其內在的隱含著較為玄深古奧的學識內容，還是要再三仔細審視察詮，才能洞察其真識，並不像時人將其看做如何如何簡明單純。其中蘊涵著中華五千年文明，囊括了以中國道家至樸的「天人合一」觀，及中國醫學傳統系列養生哲理，由自我行拳來積極地認識自然，健全自我，乃至健康文明，「天行健，壽而康」。

古人曾經把這偉大的有象世界，及包含著極豐富對立統一的操持，分列歸納出「掤捋擠按採挒肘靠進退顧盼定」，這十三個有典範、有規律的動勢拳形作為母式，在操持拳藝過程中生化出系列子式而構成太極拳。古人又把這豐富多彩

的太極拳運動稱作十三勢。由於時代的變更造成知識斷層現象，如今傳統的太極武學只好把這數百年形成的傳統生命簡化，使傳統生命得到續化，延其脈傳，振興民族精神。太極拳之簡化循經就是其典型。可謂「古傳拳經十三勢，今作簡化續前源」。

第一勢　太極起手勢

操演譜文

太極開拳移左步，前抬兩臂吊腕平。

切腕仰掌姿下沉，坐胯屈膝氣合生。

全體大用

開拳陰陽起太極，三陽上崩雙儀環。

太極吊球蘊玄機，雙切腕法鎮中原。

太極蕩球掌前顧，十指探捋左右懸。

內脈循經

神意相合參動靜，無極生在太極前。

陰陽未判真種出，意催身姿動靜閒。

太極開宗起手勢，三陽並起通上玄。

手三陽經宣真力，雙吊球勢氣最圓。

十指虛含暢玄機，兩掌三昧延宗傳。

平身降氣抖神威，雙切腕法壯丹田。

老祖斷凳氣下沉，期身正直撐三環。

沾連黏隨不丟頂，驚彈崩炸走螺旋。

氣化三陽生真力，拳依六合乘金玄。

丹田內轉榮金氣，左右二脈任淆纏。

圖1-1　預備勢　　　　　　　　　圖1-2　無極勢

武學概譜

太極起勢陽氣升，雙腕挑打吊球成。

左右採捌取肘肱，上崩下砸將勢封。

動作要領

無極勢（自然入境）　太極雙吊球　切腕下砸

預備勢　自然而立，只要求舒適自然，無拘束之虞，無呆板之象，能自覺進入到練拳的境界中即可（圖1-1）。

無極樁無極勢　繼前動作。自然站立，即是日常的姿勢，兩足距與肩等寬，絲毫不加修飾，普普通通地站好。這也是練拳操拳的準備勢（圖1-2）。

太極雙吊球　繼前動作。五指微屈，如抓兩球，緩緩向前抬起雙臂，與肩同高。掌心向下，雙臂的腕、肘、肩在同一水平面上。此時腕部放鬆，雙手如抓兩個球狀。從上向下看時，兩臂呈括號狀（圖1-3）。

切腕下砸　又名老祖斷凳。繼前動作。蹲身下坐，雙

圖1-3　太極雙吊球　　　　　　圖1-4　切腕下砸

手隨身體下蹲，切腕下砸，掌心向前（圖1-4）。

教學要義

「無極樁‧無極勢」　要求左腳向左側橫邁一步，兩足距離與肩等寬。站好即可，久而久之，自然一站就與肩等寬了。為什麼要左足向左移動呢？因為傳統學識以太極陰陽為原則，左為陽右為陰，陽主動而陰主靜，故要左足移動。足尖向前，避免足尖內扣或外張，即通常所說「內八字」與「外八字」。

太極拳是「無極而生」，故要兩腳向前平等而立，既不是足三陽先行，也不是足三陰先行，而是各持半陰半陽，也是「無極而生」領略動靜之機的姿勢，以體求「陰陽之母」的太極。

此時準備練拳，大腦思維暫停其他雜念不管什麼事情皆需先放下，等練拳完畢再辦。這樣逐漸地使自我心境平靜下來，處於：「無形無象全無慾，養神養氣養真骸」之境界，

進入「無極」狀態，達到「忘身」「忘我」的「渾然、無極」境地。

古人說，「太極本無極」，是說太極本是由無極生化出來的。「太極者，無極而生」，這個階段就是「無極」的階段，也是練拳的準備活動，更是練好拳從無極生有極（太極）的最重要的行功，傳統上將其稱作「無極」，叫「開拳起手勢」，也叫「無極準備勢」。

「太極雙吊球」 手心虛含，手指向下垂懸，指尖微微內操，如提拿球狀。手隨兩臂上抬時即做抓球狀，隨兩臂抬平而呈提拿球狀。這是古人造意「一舉動，周身俱要輕靈」，五指虛扣，舉動虛靈。一是懦弱外形，二是謙恭退讓之心，傳統術語曰：「威猛生之，收藏在內。」不做「神勇狀」，要「內無其心，外無其象」。身心中惟一團元氣耳，方有利於養心養性。

「切腕下砸」 向下砸的手置於膻中為佳。人身之氣血交會在「膻中」這個部位，是醫家之定論，武通於醫，拳家須知醫學之常識。雙手可以稍微再向下偏移，以肺之下、胃之上為好。

太極保健

太極拳的鍛鍊過程中，每一個動作都在影響著人身十二經的流注循環。十二經是概括人身氣脈的代詞，包括十二正經、奇經八脈、毛絡孫絡等周身循繞有度的氣脈行經，標誌著人的氣血盈虧的過程。

太極拳是中國養生家、丹道家操拳演武、行血推脈、養氣柔體、經過千百歲月總結得到的寶貴經驗。古人發現了人的氣血有充盈的旺盛時期，有盛衰的變化。人到了中年之

後，要剛柔相濟地運動，要保全真氣，因而提出「真氣要柔、流水穿堤」的觀點，在這個基點上形成武學改良。

少林拳不是以拳打天下，因為拳裡有禪。武當的功夫就太極拳而言，並不是以武強敵，是因為武當的武學是「與道合真」的寶貴經驗和珍貴的文明遺產。透過習文演武能管窺天地自然界的規律。

人體中的陰陽氣脈的流行，猶如江河湖澤，縱橫交綜，分布自然有序，「太乙氣化沖任督」是指人體內的元氣飽滿，譬如湖澤水滿而後，自然會向江河溢流一樣，體內產生氣化盈注，古人喻為「太乙氣化」。會導致氣血脈經在真元之氣的推動下充盈突流。「氣為血之帥，血為氣之母」，人身周經循纏有度，猶如日月經天、星辰列張、陰陽有序、分有晝夜。人的氣血飽滿，精神充沛，「真氣從之」，祛病益壽延年可期。人身體氣血的分布如星羅棋布，分陰陽，名經緯，各自循纏。因而太極拳是武學，又是修身、行血推脈、保真全氣、頤養天年的好功夫。

二十四式簡化太極拳，是在新中國時期經過改革傳統、創編簡化的拳種，至今已有四十餘年的歷史了。醫家泰斗周潛川曾說「簡化太極拳雖是精華，缺少運氣的內涵」。這四十多年中，致使無以數計的人操演太極，徒有形象。筆者在著寫《中國太極拳統真大典》之後，將簡化太極拳經過校正，使之在動作細微處，適應氣血的循行，使大眾受益。故而譜文言「二十四式雖簡化，循經內脈保真元」。已將簡化二十四式太極拳賦注內纏循經的新生命，使練武操拳的人有運氣、有修脈、聚斂元氣、保真全氣的內功了。

太極拳是動靜相參的運動。拳經言：「一動無有不動，

一靜無有不靜。」練太極拳除了學會動作之外，更要努力研習其微妙精深處，用神意相合來參悟動靜互為其根的變化，那就是太極拳的具體操修了。

第二勢　野馬分鬃

操演譜文

野馬分鬃身右轉，左手托球右肘橫。

上下掌心同一峙，兩掌互換抱球生。

左足尖收右腳側，鳳點頭化腿提龍。

前托左掌進左足，左腿為弓右腿平。

前行虎口並金脈，後按胯側合心經。

左轉身姿橫左肘，右鳳足落左足踵。

左掌按球右掌托，復出右腳虎換龍。

右化托掌身前出，左化按塌左胯封。

左蹬右弓穩兩足，前後雙撐期中庭。

轉換身姿右抱球，左為托掌右肘橫。

左鳳足點右足側，前展左足虎步騰。

太極抱球開雙掌，前托後按達通靈。

托掌斜行金風響，按掌降氣掩胯封。

全體大用

野馬分鬃抱球起，球掩橫肘肘齊肩。

鳳足點在虎足側，托球掌藏腋下緣。

鳳換虎足展龍姿，托掌前掤齊胸間。

扶球手化塌掌下，左右三循龍在前。

內脈循經

野馬分鬃宣虎坐，勢藏擠撞平肘肩。

兩手抱球陰陽合，天地相應神意添。
按掌玄英動大指，中府雲門繁相連。
托掌心經居肝脾，外展金風正遁傳。
鳳點頭氣宗大趾，下逢二脈透脾肝。
後坐分蹬縱虎勢，前平虎足肝脾宣。
身縱虎踞換龍姿，金封托掌虎在前。
始展雙鋒金風至，後按肺脈共心傳。
抱球復將陰陽聚，混元太極又遁纏。
左右開真舒肝脾，上調離火奏金弦。

武學概譜

身蹲後足宣虎坐，前腿放平縱虎行。
前足落定身前移，龍姿就勢後足蹬。
龍行虎步相交峙，動靜陰陽虎換龍。
虎形進前回頭打，直沖龍姿闖前蹤。
野馬分鬃抱球姿，托掌上映金肘橫。
足尖點落鳳點頭，提膝提足勢提龍。
上下抱球陰陽分，陰陽掌法各不同。
托掌滾發掤臂起，橫肘急切降肘崩。
正應腋下金挑掌，上掌下塌力正洪。
直沖中宮奪其局，側踏邊鋒胯外行。
上手進足同一側，肩腋兩側取背胸。
撒放二訣乘機使，左右連環不可逢。

動作要領

右虎坐抱球　虎踞　龍行托掌

「右虎坐抱球」身體微右轉，屈右膝為「虎坐」，同時左足尖收在右足側，左手翻轉掌心向上為托掌，右手掌心

圖1-5　右虎坐抱球

圖1-6　虎踞

向下如扶按球狀，抬肘橫於右肩平，上下掌心相對（圖1-5）。

「虎踞」又稱「太極抱球勢」，繼前動作。身體左轉，左足向左方伸直，右腿「虎坐」步。雙手呈抱球勢，靜勢可以做樁功鍛鍊（圖1-6）。

左進步‧龍行托掌　繼前動作。身體前移，右腿由虎坐步後蹬，變左腿為弓步，同時

圖1-7　左進步‧龍行托掌

左托掌向前，右掌向下按塌至腰胯（圖1-7）。

左虎坐抱球　繼前動作。身體右轉，屈左腿呈左虎坐勢，右足尖收於左足側，同時左托掌翻轉掌心向下變扶按掌，橫肘與肩同高，右掌翻轉為托掌於左腋下（圖1-8）。

圖 1-8 　左虎坐抱球

圖 1-9 　進右步虎踞勢

　　進右步虎踞勢　　繼前動作。身體呈左虎踞勢，與圖1-6左右相反（圖1-9）。

　　右進步‧龍行托掌　　繼前動作。身體前移，左腿由虎坐後蹬，變右腿為弓步，同時右托掌向外前，左掌向內下按塌至腰胯，與圖1-7左右相反（圖1-10）。

圖 1-10 　右進步‧龍行托掌

　　繼前動作與圖1-5到圖1-7相同，分別為右虎坐抱球、虎踞、左進步‧龍行托掌。

　　野馬分鬃左右共3次。

　　教學要義

　　在太極拳二十四式完整行功中（在傳統套路裡更加明

顯），離不開弧形運動和球形的體現，抱球動作在行功過程中反覆出現多次。太極是從混元一氣的混元球中升化出來的內容。

太乙混元球的出現，是在元明氣化的基礎上，日久所積而至。易理認為：太極剖產萬物，太極生兩儀，為元陰元陽，天地的陰陽二氣的交注，生成新的生命。人體內的混元之氣能結聚成球體，也是體內的元陰元陽之真元氣的結聚而生成的。古人認為漸漸行持，滴水成淵。日久而生形。體內的元氣與自然界中的太合祖氣相合，以及日精月華等天地的陰陽之精英納入身中體內。與自身之元陽之氣久聚成真。

身中丹田結聚的陰陽交感而產生太乙氣化、真元萌動。逐漸變化，剖產了一顆結晶的氣質，古人喻為玄珠。故則喻之為「真形之象」。古人將這個「散則成氣」的虛象，轉化為「聚則呈形」的實象過程稱之為「顯化」。

傳統武學將身姿由後向前移動的動作稱之為「虎換龍爭」，因速度過快而生成另一名詞，為「龍騰虎躍」。嚴格地講，傳統武學中任何一個動作，任何一個姿勢都有其隸屬的專業用語。而今傳統武學中的龍虎神姿之學術用語，由那簡單明瞭的「登山步，下山步」替代了，但名詞的不同，標誌著宗風學術的遺風。

野馬分鬃之姿勢，是聚散有形之法，聚則蹲身側坐步，龍換虎還是虎換龍都標誌著身姿的變換。龍虎的反覆運化形成了豐富多彩的武學天地。一龍一虎的運動，有動有靜，有陰有陽，互為轉化，互為其根，構成了進退輾轉，構成了閃展騰挪，成為基礎武學的原始因素，由簡至繁，再由繁至簡，構成了至柔至剛，陰陽合生的基本條件。無論哪家武

學，哪派武術，都離不開這一龍一虎的互相生化。因此，一龍一虎的運化無疑為至簡至易或高深莫測之武學打下了雄厚的基礎。

太極保健

以虎足與鳳點頭之足一左一右配合，成虎坐之虎踞雄視之態，這個姿勢在傳統脈傳中，以強腰固腰，壯水滋腎為要。修練家多用此勢來強健腰腿，滋補腎元。

「抱球」手，在上之掌為按掌，其拇指（傳統修為將拇指端稱之為「玄英」穴）端是手太陰脈的起始處，另一端則是順手臂內側上行到肩窩處「中府」「雲門」二穴。

中國醫學認為，肺為五臟之華蓋，肺調合百脈，肺脈一通，繼之人身百脈皆通。肺經起在寅時，修練家、丹道家、練氣士、醫家、武術家都著重肺脈的調節及專修，故有每日寅時起來可以「生發周身之元氣」之說。太極拳作為循經之武學，更是這樣著重「肺經」的調節。即抱球姿勢中，上面的拇指，應該對應在肩窩中府、雲門位置，形成「感召」「互喚」，使肺脈順通。而拇指之於肩窩處要有半尺之闊，以便肺脈宣發。

第三勢　白鶴亮翅

操演譜文

右進半步宣虎坐，左出半步肝脾應。

雙手抱印護襟胸，正展身姿神氣升。

左右橫開撫琴手，白鶴亮翅用意撐。

左下切掌行心氣，右揚托掌運金風。

全體大用

白鶴亮翅右虎坐，兩手抱印脈合全。

上下翻飛切掌挑，少陰心經氣脈圓。

內脈循經

白鶴亮翅右坐虎，虎步鳳頭助腎元。

兩掌同將中宮護，心肺交融在襟前。

黃婆脾土胃堪真，印掌虛合顧中原。

上有真華降海底，下有神水升至巔。

雙掌橫開撫琴功，右舉金鋒下火炎。

切掌離宮尊小娘，火煉真金紫氣懸。

武學概譜

白鶴亮翅挑打胸，下切上展酒旗紅。

動作要領

印盒掌，虎踞撫琴手，心經金氣。

印盒掌 又作「化機勢」，接前勢。右足進半步，同時雙手掌心相對，如抱球狀，右手在下（圖1-11、圖1-11附圖）。圖1-11為正面，圖1-11附圖為側面。

過渡勢 繼前動作。同時雙手順時針畫弧，右手在下，掌心相對如抱球狀。右足踏落後左足尖點地（圖1-12）。

虎踞撫琴手 又稱「虎踞」「子午椿」「吊馬椿」。繼前動作。進左步，足尖點地，右

圖1-11 印盒掌

圖1-11 附圖 印盒掌

圖1-12 過渡勢

圖1-13 虎踞撫琴手

圖1-14 心經金氣

腿虎坐，同時雙手分開，左掌下按至左膝外側，右掌上揚至頭右上側，掌內旋外展，掌心向前。（圖1-13）。

　　心經金氣　右手左轉，掌心向前。同時左膝內扣，足尖點地，左手虎口圓撐，以利手少陰心經脈氣血充宣（圖1-14）。

教學要義

「印盒掌」　是由左進步龍形托掌進半步出半步，轉入兩手掌心相對，虛合抱在身前。這個動作是因下盤兩腿微前出之，上身端然正直，有利於氣脈上下循通，使之神意聚寄在兩手及虛空脾胃處使精滿神旺。

「心經金氣」　繼「虎踞撫琴手」後，動作不停，使內脈循經無差錯之虞。

第四勢　摟膝拗步

操演譜文

身形右轉收左足，左掌扶封金肘橫。

右齊聽宮進左步，右爲虎坐左腿平。

左掌摟膝肘橫撐，身姿前移虎換龍。

右掌直取金宮地，前按指掌右腿蹬。

如此左轉換身形，右手摟膝左掌騰。

滇將身姿再右轉，注返三換丁甲封。

全體大用

摟膝拗步虎坐宣，扶封掌持金肘懸。

下行摟膝掌後移，上過聽宮指前穿。

穿掌化按金鐘響，轉身橫肘又同前。

丁甲雲封三才俱，左右摟膝虎龍蟠。

內脈循經

摟膝經運丁甲全，左右遁宮氣血圓。

上齊腮耳金鋒動，轉用心經五指前。

下執金訣續膝過，虎躍龍騰腎水環。

搖身晃脊氣脈生，命門靈臺正應源。

圖1-15　金封橫肘勢　　　　圖1-16　摟膝穿掌過聽宮

橫肘雲封三才勢，左右摟膝虎龍旋。

上動劍氣並離火，下行真水達乾元。

武學概譜

摟膝拗步三才勢，封膝閉胯過聽宮。

進步後追龍雷掌，雲封直透響朱陵。

動作要領

金封橫肘勢　　摟膝穿掌過聽宮　　進步虎坐勢

龍行穿按掌

「金封橫肘勢」　接前勢。身姿取右虎坐，右手轉腕立掌上行揚起，置於頭右側。右掌虛張，虎口向上，掌心向左。同時左手回收，橫於胸前，左足尖點地（圖1-15）。

摟膝穿掌過聽宮　繼前動作。身姿取右虎坐，右手由立掌變穿掌，置於耳側，右肘抬平。同時，左足尖置於右足側，左足尖點地。左手由身前中線切掌下行，置於身下兩膝之間。左手指尖向下，掌心向後，虎口向右（圖1-16）。

進步虎坐勢　繼前動
作。左腿向左前方進步，左
足踏實，身姿向左前方移
（圖1-17）。

　　龍行穿按掌　又為
「摟膝斜行掌前伸」，繼前
動作。左手以切掌在左膝前
向左外側畫弧，至左膝左側
時變「按掌」，掌心向下，
虎口對準左膝外側，同時左
腿伸直，左足踏實。右手由
穿掌至身前右脈，過乳近胃
處做切掌向前方推去（圖
1-18）。

　　進步金封橫肘勢　繼
前動作。與圖1-15左右相
反（圖1-19）。

　　摟膝穿掌過聽宮　繼
前動作。與圖1-16左右相
反（圖1-20）。

　　進步虎坐勢　繼前動
作。與圖1-17左右相反
（圖1-21）。

圖1-17　進步虎坐勢

圖1-18　龍行穿按掌

　　龍行穿按掌　繼前動作。與圖1-18左右相反（圖1-
22）。

　　摟膝拗步左右共3次。

圖 1-19　進步金封橫肘勢

圖 1-20　摟膝穿掌過聽宮

圖 1-21　進步虎坐

圖 1-22　龍行穿按掌

教學要義

　　摟膝拗步每見世人多以「摟腰」的動作完成，此勢顧名思義當是以手「摟膝」而過。

　　太極拳是「體用一焉」的操演鍛鍊方法，亦要遵循「練

時情中有，用時形內含」的拳訣。告訴學人，練拳時是怎樣的練法，同時懂得用法。一旦遇敵施技出手，形態中自然含有技擊的運化。

摟膝拗步之武技應用，以傳統的劃分，將人分作天地人三才，武學中又泛化為上中下三盤，即天盤為頭、肩、胸，中盤為腰、背、胯，下盤為腿、膝、足。三才包括周身全部位，也就是說摟膝拗步可以襲擊敵方之周身，其特點則是封膝、閉胯，聽宮泛指頭部。

「摟膝穿掌過聽宮」和「龍行穿按掌」等動作為封金肘之橫肘向下行之，轉化成「摟膝」而後呈「撫按」掌勢，五指向前，掌心向下，虎口對向「胯」側。另一手以穿掌出之於頭側、耳輪聽宮之處，虎口向上，五指向前，以穿掌前穿擊之，復化按掌傷敵胸位。

太極保健

摟膝拗步行功之循，正順應氣血循經，即左摟膝拗步轉化為右摟膝拗步，繼而又左摟膝拗步，左右兩臂交替反覆循行，手之三陰三陽之循經得到宣彰。摟膝拗步可反覆鍛鍊，經常練習可使腰、腿、手、足十分靈活。

第五勢　手揮琵琶

操演譜文

右進半步換虎行，左出半步足放平。

左化扶封身前處，右掌後移合中宮。

手揮琵琶虎右坐，掌持前後挫敵鋒。

全體大用

右進半步出半步，手揮琵琶動金弦。

斷肘折肱擒拿閉，金鋒掌法上下連。

內脈循經

手揮琵琶聚坎水，外應六合見經傳。

鍛平神火乾金勢，太陰上下溶一團。

長持虎威壯腰腿，內滋腎氣育真元。

平送眉目降肝火，靜運金風期永年。

武學概譜

手揮琵琶穿化精，擒拿封閉斷肘肱。

動作要領

進虎步雙纏大捋　老朽扶封閉門　手揮琵琶

進步雙纏大捋　接前勢。右足進半步，呈虎踞坐勢，左右手同時向右上方起，身姿向左轉（圖1-23）。

老朽扶封閉門　又稱「扶封掌」，繼前動作。左出半步呈虎踞坐勢，身右轉，右手左行做「扶封掌」（圖1-24）。

圖1-23　進步雙纏大捋　　　　圖1-24　老朽扶封閉門

手揮琵琶 繼前動作。左手上行做穿托勢，右掌後移守居中宮。虎踞右坐，兩手掌形成挫（錯）法（挫骨法）（圖1–25）。

圖1–25 手揮琵琶

教學要義

手揮琵琶勢屬於進擊之法，眼看手這一習慣，切不可要。手揮琵琶以武學中斷肘折肱法為之，武學中且忌看手。「武通於醫」，武學是由形體的運動、特定的武學動作來達到鍛鍊的目的，主張「眼觀六路，耳聽八方」。養成看手的習慣則無法觀察敵方變化。

「全憑心意練功夫」，是把心神目光放在「手足照顧不到的地方」。「形於手指」是說以手指的動姿來表現拳中的「情」與「勢」。拳訣有言「練時情中有，用時形內含」。「形於手指」並不是讓人用眼睛看手、看指，而是用心神觀注運動過程中手足所置的位置，體會招招勢勢的氣血行經和武技演化。

眼看手的習慣，在整個套路中屢見不鮮，拳經說「進在雲手，退在轉肱」。再說「雲手」吧，因為看手導致學人多限於左右搖頭之嫌，如此動作怎麼能做好「頭頂懸」呢？倘若養成看手的習慣，到後來學習推手時便會眼花撩亂的。

第六勢　倒攆猴

操演譜文

倒卷肱法身退行，倒挿前足落後蹤。

右手後舉通金氣，兩臂分爭掌上擎。

後手前去化穿掌，前手後舉托掌成。

後移左臂併左足，右臂右足亦同行。

墜身退走轉腕變，連環四步倒轉肱。

全體大用

墜坐虎步身退還，倒卷肱法後做前。

手足同展擔山勢，退行四步乘連環。

內脈循經

倒卷肱法後做前，前後一字臂橫擔。

乘取通背擔山勢，墜坐虎步身退還。

腰胯肩脊壯眞力，左遁右纏神在前。

上下遁經經子午，右進左出氣纏旋。

武學概譜

倒轉肱法墜身退，穿掌罩面挫敵鋒。

動作要領

二郎擔山勢　　墜走牽挽勢

二郎擔山勢　接前勢。右手向後回抽，左右兩臂分為前後伸平，兩手化掌上托，掌心向上。左手在前而左足亦在前。右腿屈蹲取坐步，右腳踏實落平，右手在後（圖1-26）。

墜走牽挽勢　又名「提龍腿倒插步」，繼前動作。目光前平視，身姿由左前側後移，左轉身形。右腿取站姿，微

圖 1-26　二郎擔山

圖 1-27　墜走牽挽

屈，忌僵直。提起左足，意
欲後移落步，左足尖向下，
取提龍腿（左）勢。同時左
臂向回收，右臂由後向前做
穿掌。左手平托，左肘與左
膝相對應。右手虎口向上，
前臂抬平至右耳側處（圖
1-27）。

　　二郎擔山勢　繼前動
作。身後移，左足踏實為虎
踞，左右手前後伸平做托

圖 1-28　二郎擔山

掌。此勢與圖 1-26 左右相反（圖 1-28）。

　　墜走牽挽勢　繼前動作。此勢與圖 1-27 左右相反（圖
1-29、圖 1-30）。

　　二郎擔山勢　繼前動作。此勢與圖 1-26 相同（圖 1-

圖 1-29　墜走牽挽　　　　　　圖 1-30　墜走牽挽

31）。

　　倒攆猴共4次。

　　教學要義

　　「倒轉肱」是由墜身
退走的動作完成此勢的。
倘若我被敵方以拿法鉗住
手腕，可以用「倒轉肱」
之法解之。「穿掌罩面」
為降敵之法。左右手形成
一前一後、一攻一守之相
互錯落的手法招勢。

圖 1-31　二郎擔山

第七勢　左攬雀尾

操演譜文

將身右轉退左足，混元球托左掌中。

上合右手平肩肘，前出左足運虎龍。

右手隨勢右下按，前掤左手齊肩胸。

十指前穿虛合掌，虎坐右翼捋要輕。

左掤右擠馳復前，太淵六脈細心聽。

袖底藏有混元象，雙掌前按法亦精。

全體大用

虎勢右崎非等閒，右橫金肘抱球圓。

左騰虎步擒龍姿，左掌前掤正當先。

搭手捋開龍換虎，回身擠手龍在前。

撤手後坐換虎形，龍行虎按神氣全。

攬雀尾勢左右展，左崎虎勢球左懸。

掤捋擠按四法備，右掤左捋虎左還。

內脈循經

攬雀尾要勢經拳，擠按掤捋守腰間。

後宣坐虎因命門，側抱球勢左右權。

托掌掤起金鐘響，心肺肝脾五行全。

捋擠二法生氣象，虎踞龍騰趁注還。

龍虎奪勢嘗進退，退身方顯虎坐宣。

進勢擠按虎換龍，全策再審大用篇。

武學概譜

攬雀尾分左右脈，掤捋擠按順轉行。

龍騰虎坐縱其勢，二脈交宮虎換龍。

捋擠二法趁機使，掤按應機審虛靈。

動作要領

右虎坐抱球　游龍分封　左掤右按　捋（兩勢）

擠（兩勢）　洗腕　按

圖 1-32　右虎坐抱球　　　　　　圖 1-33　游龍分封

　　右虎坐抱球　接前勢。
身體右轉，屈右膝為虎坐步，
同時左足尖收在右足側。左手
收回，掌心向上為托掌，右手
掌心向下，如扶按球狀，抬肘
與右肩平，上下掌心相對（圖
1-32）。

圖 1-34　左掤右按

　　游龍分封勢　繼前動
作。出左足向前邁一步，呈平
足輕落狀，此為虎踞勢。右手
接上勢，為抱球之上手即撫球
之勢，左手起掤勢（圖 1-33）。

　　左掤右按　繼前動作。右手下按，左手前掤。「齊肩
胸」，是說左手前掤的高度與位置。同時身姿前移由虎踞轉
為龍騰（圖 1-34）。

圖1-35　捋（一）

圖1-36　捋（二）

　　搭手起捋勢　繼前動作。
此為捋之首勢，左手由掤勢變穿
掌，順勢搭於對方左前臂處。

　　繼前動作。此兩勢同為捋
勢，右手做搭手狀，同時左手回
坐腕，順身右側捋開。這個動作
的身姿改換，是由前勢動作掤而
呈「龍」姿，繼而由「龍」姿轉
化為「虎」勢的動作，復回身
「擠」去，則是再由「虎」勢更
換「龍」姿（圖1-36、圖1-37）。

圖1-37　捋（三）

　　繼前動作。左掌心內旋翻轉向內為掤，右手指點在左手
之「太淵六脈」，為擠，兩臂相合而生力。同時蹬右足，左
腿前弓，向前擠掌，此為「擠」（圖1-38、圖1-39）。

　　右手下經左手神門穴向前穿出，外繞過左手背，雙手合

圖1-38　擠（一）

圖1-39　擠（二）

圖1-40　洗腕

圖1-41　涵胸前掤

抱混元球，雙臂上掤，下按至腹部，同時身體後坐。由「洗腕‧抄手過神門」「涵胸前掤」，轉入「雙掌掤罩」「吸腹下按」，再繼之「右攬雀尾‧前按勢」，完成按之動作（圖1-40、圖1-41、圖1-42、圖1-43）。

圖1-42　雙掌掤罩　　　　　　　圖1-43　吸腹下按

教學要義

攬雀尾即太極拳掤捋擠按之運化，宗風名此為「混元四相」。又稱混元四手，泛化而言太極四手。

張三豐祖師將其脈傳演化為混元四手，開後來太極宗脈，以掤捋擠按四正手為混元四手，以採挒肘靠為混元化勢，進（前）退（後）左（顧）右（盼）定（中）五行地位，創十三勢，乃文武雙傳之內密，是當年三豐祖師「出少林而創武當」宗傳可考的依據。

「玉環之妙」，啟於武途，因後來修真習武之人，難盡功中之辛勞。限於先後天之機緣所感，一些饑寒之士，病苦之身，老邁遺痕，心有靈而形衰，師祖遂授「玉環」之法，雖乾形而亦盡坤道，同歸於妙，以證後來，大環遍跡，推演而示至今時。

太極保健

學人可專修「玉環」一法（參見「玉環椿」），可以由

修持而強身健體，待「修牆補屋」後，則可運化內功，踏入丹途，窺測武當真密神髓之一斑。

第八勢　右攬雀尾

操演譜文

回展身姿左後移，左抱球勢左肘橫。
右化托掌傾左位，右鳳足落左足宮。
前掤右手進右足，換將虎踞化龍蹤。
攬雀尾分左右脈，掤捋擠按四法明。

全體大用

虎勢右崢非等閒，右橫金肘抱球圓。
左騰虎步擒龍姿，左掌前掤正當先。
搭手捋開龍換虎，回身擠手龍在前。
撤手後坐換虎形，龍行虎按神氣全。
攬雀尾勢左右展，左崢虎勢球左懸。
掤捋擠按四法備，右掤左捋虎左還。

內脈循經

攬雀尾要勢經拳，擠按掤捋守腰間。
後宣坐虎因命門，側抱球勢左右權。
托掌掤起金鐘響，心肺肝脾五行全。
捋擠二法生氣象，虎踞龍騰趁注還。
龍虎奪勢嘗進退，退身方顯虎坐宣。
進勢擠按虎換龍，全策再審大用篇。

武學概譜

攬雀尾分左右脈，掤捋擠按順轉行。
龍騰虎坐縱其勢，二脈交宮虎換龍。

圖 1-44　前按　　　　　　　圖 1-45　橫開太子掌

捋擠二法趁機使，掤按應機審虛靈。

動作要領

左虎坐抱球　游龍分封　左掤右按　捋擠（兩勢）　函
扣太淵　洗腕　涵胸前掤勢　按

前　按　接前勢。雙掌向身前推掌，同時蹬右足，左
腿前弓，即身姿由虎踞變為龍行（圖1-44）。

橫開太子掌　繼前動作。身體右轉，同時右手隨身體
橫開，兩臂打開如一字。此勢為過渡勢（圖1-45）。

左虎坐抱球　繼前動作。身體右轉，屈左膝為虎坐，
同時右足尖收在左足側；右手翻轉，掌心向上為托掌，左手
掌心向下如扶按球狀，抬肘橫與左肩平，上下掌心相對（圖
1-46）。

右掤左按　繼前動作。身體前移，左腿由虎坐後蹬變
右腿為弓步，即身姿由虎踞變為龍行；同時右托掌向前掤
出，高與胸齊，左掌下按塌至腰胯（圖1-47）。

圖1-46　左虎坐抱球

圖1-47　右掤左按

圖1-48　捋（一）

圖1-49　捋（二）

繼前動作，右手由掤勢變穿掌，左手順勢搭於右前臂處（圖1-48）。

左手做搭手狀，同時右手回坐腕，順身左側捋開。這個動勢的身姿改換，是由前動作掤而呈「龍」姿，繼而「龍」姿轉化為「虎」勢的動作（圖1-49）。

圖1-50　呈現擠之身姿

圖1-51　函扣太淵

　　復回身擠去，是再由「虎」勢更換「龍」姿（圖1-50）。

　　函扣太淵　繼前動作。蹬左足，右腿前弓，同時右掌心內旋翻轉向內，左手指點在右手之「太淵六脈」，向前擠掌（圖1-51）。

　　左手下經右手神門穴向前穿出，外繞過右手背，雙手合抱混元球，雙臂上掤，下按至

圖1-52　洗腕抄手過神門

腹部，同時身體後坐。由「洗腕抄手過神門」至「涵胸前掤」，繼之「吸腹下按（一）」，再繼之「按（二）」「按（三）」「按（四）」，完成按之動作（圖1-52、圖1-53、圖1-54、圖1-55、圖1-56、圖1-57）。

1-53　涵胸前掤　圖1-54　吸腹下按（一）　圖1-55　按勢（二）

圖1-56　按勢（三）　　　　　　　圖1-57　按勢（四）

教學要義

參見左攬雀尾。

太極拳掤捋擠按四手，勢勢精妙，並非似常人認為那樣簡單。單就按法而言，則分如前幾個過程，否則不能展示細

致入微的內家法度，故操演譜文云「雙掌前按法亦精」。

第九勢　單　鞭

操演譜文

內扣右足身左轉，橫運太極臂左傾。

易理大象漫右環，左收鳳足立右踵。

右起吊腕並勾手，左化單鞭前擊應。

前倚左足成弓狀，後持虎足換龍騰。

全體大用

翻掌腕打並勾手，三陽力至滾單鞭。

左掌直撞金鋒脈，手足同威顧三前。

內脈循經

三陽氣化同雷震，勾手吊腕滾單鞭。

武學概譜

勾手吊腕三陽力，單鞭一掌泰山驚。

動作要領

左遮雲避日　玉鑒照塵　右遮雲避日　右勾手輪指循經勢　左掌輪指循經勢　斜掛勢　中宮祭印掌

左遮雲避日　接前勢。身體左轉，左掌隨身體向左揚起，掌心向外，右手稍下落（圖1-58）。

玉鑒照塵　繼前動作。身體右移，為右虎步，內扣右足，伸平左腿，左手不變，同時右手化穿托掌橫於胸前（圖1-59）。

右遮雲避日　繼前動作。身體右轉；右手由橫手向右側揚起，手心向上，同時左手下落（圖1-60）。

右勾手輪指循經勢　又名「吊腕勾手」，繼前動作。

圖 1-58　左遮雲避日

圖 1-59　玉鑒照塵

圖 1-60　右遮雲避日

圖 1-61　右勾手輪指循經
勢‧吊腕勾手

右手揚至最高處化為勾手，左手由下向上，向右畫弧至橫肘
托掌於胸前；同時左足以鳳點頭收於右足側（圖 1-61）。

　　左掌輪指循經勢　繼前動作。身體微左轉，出左足平
踏於地，為虎踞勢；同時左手向前畫弧，左手於胸前，掌心

圖 1-62　左掌輪指循經

圖 1-63　斜掛單鞭

向內（圖 1-62）。

　　斜掛單鞭　繼前動作。左手外旋轉翻掌心，切掌向前推出；同時身體左轉，蹬右足，左腿變為弓步（圖 1-63）。

　　中宮祭印掌　又名「大舒大展循經勢」。繼前動作。左手向前平推出；同時右腿蹬直（圖 1-64）。

圖 1-64　中宮祭印掌

第十勢　雲　手

操演譜文

橫行跨走自輕靈，左行虎坐右足平。

進手輪生呈有象，三步三跟合行蹤。

雲手雙環通玄跡，進身搖脊任縱橫。

左穿右撞右坐虎，左撞右穿虎左逢。

勾雲拿月雲盤手，三陽化力復按攻。

全體大用

雲手三環行三步，橫虎橫龍左右旋。

雙掌雲揮搖身脊，勾雲拿月金蛟剪。

內脈循經

雲手三循撲雲環，橫行龍虎勢要圓。

子午雲掌搖脊過，上下相隨氣需纏。

三陽化力搋崩肘，肩胯封敵奪身前。

三環進步得攻手，金蛟雲月任注遷。

武學概譜

雲手變化隱玄通，三進三合臂上攻。

勾雲拿月雲盤手，上下旋纏金肘橫。

七星掛壁金蛟剪，左右用法一般同。

動作要領

玉鑒中懸　　左遮雲避日

玉鑒中懸　　鐵門閂扇勢

踏陳執旗

玉鑒中懸　接前勢。身體
稍向右移，雙腿為橫開步，左腿
伸直；左手五指由勾手自然伸
直，翻掌心向右，虎口向前，同
時右手畫圓托掌至丹田處（圖
1-65）。

圖1-65　玉鑒中懸

左遮雲避日　繼前動作。

圖1-66　左遮雲避日

圖1-67　玉鑒中懸

身體稍向左移；左掌隨身體向左揚起，右手下落（圖1-66）。

　　玉鑒中懸　上勢不停。左手翻掌心向外繼續揚起，虎口向前，同時右手畫圓穿托掌至丹田處；身體左移，左腿微屈（圖1-67）。

　　鐵門閉扇　上勢不停。身體右移，屈右腿，橫行伸左足於身左側；同時右手順身形

圖1-68　鐵門閉扇勢

右移，順勢在身前逆時針而上旋，左手順勢伸平，左掌心向外（圖1-68）。

　　踏陳執旗　繼前動作。身姿向右展動，右腿實而左腿虛；左手以逆時針為方向，右手以順時針為方向，兩手同時

圖 1-69　踏陳執旗　　　　　　圖 1-70　玉鏡中懸

左右交錯做循環狀。左手掌心向下，虎口向右，右手掌心向後，虎口向右（圖 1-69）。

　　繼前動作。此為重複勢（圖 1-70）。重複圖 1-65、圖 1-66。

　　左右共往返 3 次。

教學要義

　　雲手之武學，嘗言「進在雲手」。其中變化多端，隨功行日久，其技漸精。就宗風而言，三進三合，含有奪臂挫骨、折肱破臂之術，此法非宗傳，不得其真。

第十一勢　單　鞭

操演譜文

單鞭一勢重返顧，霹靂掌法震當胸。

全體大用與內脈遁經同第九勢「單鞭」

圖1-71　朵和漁鼓　　　　　　圖1-72　朵和漁鼓

武學概譜

再合單鞭連手使，神武銅雷震當胸。

動作要領

朵和漁鼓　摘盔刁手　切掌劈擊

此與第九勢單鞭不同處在左手姿勢不同，前者以平掌落，此勢以切掌出。

朵和漁鼓　接前勢。身體稍向左移；左掌隨身體向左揚起，翻轉掌心向右，同時右手下落托掌於胸前（圖1-71、圖1-72）。

摘盔刁手　繼前動作。身體右轉；右手由托掌向右側揚起，手心向上，右手揚至最高處化為勾手，左手下落穿托掌於胸前；同時身體微左轉，為虎踞勢（圖1-73）。

切掌劈擊　繼前動作。左手由下向前畫弧，左手於胸前翻掌心切掌向前推出；同時身體左轉，蹬右足，左腿變為弓步（圖1-74）。

圖1-73　摘盔刁手

圖1-74　切掌劈擊

第十二勢　高探馬

操演譜文

勾手後化托掌起，右足半步跟前踵。

更令穿掌胸前占，回抽左手封丹宮。

全體大用

單鞭再接高探馬，穿掌罩面氣要圓。

前穿右掌攔手刺，回收左掌護丹田。

內脈循經

單鞭後宣虎坐勢，高探馬取攔手穿。

腎元雙升運真水，金鋒掌刺力更堅。

武學概譜

高探馬上攔手刺，右蹬腳起玉柱傾。

動作要領

捧鑒祭印　子午金鋒掌　金鋒刺喉

圖 1-75　捧鎏祭印

圖 1-76　子午金鋒掌

　　捧鎏祭印　接前勢。右
足進半步；右勾手五指自然伸
直，翻轉掌心向下，繞過頭向
前按掌，同時左掌從切掌化托
掌回收（圖 1-75）。
　　子午金鋒掌　繼前動
作。進左足，身姿後坐呈右虎
踞坐虎勢；同時右手平扶下落
至身前，左手隨之以左托掌、
以「穿掌」前穿擊刺，左右手
形成「子午交綜」勢（圖 1-76）。

圖 1-77　金鋒刺喉

　　金鋒刺喉　繼前動作。隨之身姿前展；左手以穿掌出
之取「金鋒刺喉」勢，右手回抽在左臂下，取「封丹宮」之
勢；同時左足並踏為弓狀，右足蹬平。即由右虎踞坐虎勢身
姿前移，為龍形之姿；繼之左手前穿掌，右手回撤至左腋下

（圖 1-77）。

第十三勢　右蹬腳

操演譜文

回提左足鳳點頭，兩掌前抄斬雙鋒。

分化雙掌並開合，右蹬腳起玉柱傾。

全體大用

兩掌開合雙鋒斬，手腳齊進達身前。

鳳點頭佩提龍腿，進步蹬腳玉柱掀。

內脈循經

右蹬腳藏提龍腿，鳳點頭起掌在前。

手足循經合真力，蹬腳擊敵軟肋間。

武學概譜

高探馬上攔手刺，右蹬腳起玉柱傾。

動作要領

轉身黑虎拂面　捧沙掌

雙封太子掌

轉身黑虎拂面　接前勢。身體右轉，雙手向外、向上畫圓至頭部，掌心向上，呈捧沙掌勢；同時將右腳提起呈鳳點頭勢（圖 1-78）。

捧沙掌　又叫「太乙雙封裡合手」。繼前動作。雙手翻腕下落至胸前；同時將右腿提高做欲蹬狀（圖 1-79）。

圖 1-78　轉身黑虎拂面

圖1-79　捧沙掌　　　　　　圖1-80　左右雙封太子掌

　　左右雙封太子掌　繼前動作。兩手繼續由交叉相合向外展外推；同時右腳向前方蹬腿，左腿直立（圖1-80）。

　　教學要義

　　內家武學，源於道家，凡是蹬腳分腳，切忌高抬腿腳，抬平即可。因武學出於修真，腿抬過高，而使「海底會陰」穴暴露，失之雅態，故內家有言「天門長開，地戶常閉」，武學也是守此規矩。

第十四勢　雙風貫耳

操演譜文

　　右足收做提龍腿，雙托掌在膝上橫。

　　龍姿進步換金錘，雙風貫耳著法靈。

全體大用

　　雙風貫耳自古傳，提龍腿上架雙拳。

　　金頂奎牛通督脈，三陽崩發力最全。

圖1-81　捧沙掌　　　　　　　圖1-82　金頂奎牛

內脈循經

收足提膝身正立，雙風貫耳扣雙拳。

進取三陽聚金鼎，宣通督脈沖上元。

武學概譜

雙風貫耳高天下，金錘斗鑽震聽宮。

動作要領

捧沙掌　金頂奎牛　鐘鼓齊鳴

捧沙掌　接前勢。右足收回呈提龍腿勢；兩臂由「太子掌」下落轉「雙托掌」放在右膝上，呈「捧沙掌」即「雙托掌」（圖1-81）。

金頂奎牛　繼前動作。右足落地，身體隨勢前傾，左右雙拳緊握，兩臂左右橫開。虎口向上，雙拳由下向上揮起狀（圖1-82）。

鐘鼓齊鳴　繼前動作。雙拳向前上方揮擊，兩拳距約一頭（圖1-83、圖1-84）。

圖1-83　鐘鼓齊鳴　　　　　　　圖1-84　鐘鼓齊鳴

教學要義

「雙風貫耳」是由金頂奎牛與鐘鼓齊鳴兩勢組成的。顧名思義即可領會：以拳打聽宮。因其手勢以風貫穿耳道，震碎耳膜，繼而達到傷腦之次第。聽宮與腦受震使之受傷，這是此勢的武學之用。雙風貫耳可以靈活使用，不必拘泥。

第十五勢　轉身左蹬腳

操演譜文

橫開兩掌轉身形，左足右收乘提龍。

雙掌合抱護金鑾，提龍腿起左前蹬。

蹬腳滇落中宮處，兩掌緊收固金風。

全體大用

轉身蹬腳腹上占，兩掌同展護撥蓮。

內脈循經

轉身蹬腳起左足，同揮雙掌護撥蓮。

武學概譜

轉身蹬腳腹上占，單鞭下勢伏虎龍。

動作要領

獨立金蓮　合抱金鑒　循纏屈蹬　轉身左蹬腳

中宮氣圓

獨立金蓮　接前勢。身體左後轉，抬左膝與胯平，呈提龍腿；同時雙拳五指自然伸直變掌（圖1-85）。

合抱金鑒　繼前動作。雙手外分畫圓交叉兩手於腕部，掌心向內（圖1-86）。

轉身左蹬腳・循經屈蹬　繼前動作。左手向前推出，右手向外展推，同時左腳向前方蹬腳，右腿直立（圖1-87、圖1-88）。

圖1-85　獨立金蓮

圖1-86　合抱金鑒

圖1-87　轉身左蹬腳

圖 1-88　轉身左蹬腳　　　　　　圖 1-89　中宮氣圓

　　中宮氣圓　繼前動作。蹬腳動作完成後，落足置於中宮處（中宮即自然站立處）；兩手臂也隨之落下，合抱於胸前。此動作是「蹬腳」與「下勢獨立」間的間歇勢（圖 1-89）。

　　教學要義

　　蹬腳的高度見「右蹬腳」。

　　按循經內練所言，且勿將急切之動作密切相連，而要以循經的原則來完成動作，故於此「蹬腳」之後，待中宮氣圓方可進行下個動作。倘若蹬腳後緊接著做「仆腿」下勢，怕於循經初習者無益，因此，需將氣機歸元再練習，定無差錯之虞。

第十六勢　右下勢獨立

　　操演譜文

　　右執勾手三陽俱，金刀金肘左橫胸。

左邃仆腿削金玉，紫燕抄萍下沉峰。

縱身提足金雞立，提膝上打偃月宮。

金鋒穿掌隨膝至，左足渾立左手封。

全體大用

單鞭下勢削金鐵，虎狻移身封肘肩。

提膝上打致命處，半陰半陽掌單懸。

古稱金雞獨立勢，左右雙打上下翻。

內脈循經

下勢赴腿分跨虎，勾手穿掌力橫擔。

縱身金雞獨立占，膝打挑掌朱陵參。

武學概譜

橫肘切掌削金鐵，挺身獨立金雞鳴。

提膝上打致命處，下傷二足難留情。

動作要領

右獨立單鞭　紫燕抄萍　下勢單鞭　金雞獨立

右獨立單鞭　宗風中為「金刀赴會」。接前勢。左足收回呈鳳點頭；右手向後揚起，至最高處化為勾手，同時左手以切掌於胸前橫肘，並以左手拇指對右肩窩之「雲門」穴。金刀之劈喻切掌，「金肘」喻胸前橫肘（圖1-90）。

紫燕抄萍　繼前動作。左腿落地伸平，右腿下蹲至極

圖1-90　右獨立單鞭

圖1-91　紫燕抄萍

圖1-92　下勢單鞭

限，上身下俯；左右手姿勢不變（圖1-91）。

　　下勢單鞭　繼前動作。身姿漸向下俯，左足仆腿下勢；左手以削切之勢沿地面擊出，然後左手轉向左足尖處擊之，左手掌心向前方，虎口向上，餘姿不變（圖1-92）。

圖1-93　金雞獨立

　　金雞獨立　繼前動作。左腿直立，進右腿抬膝，左腿變為獨立勢；同時左手做「封護」姿，右手以「金鋒穿掌」挑之，舉在身前內含切掌（圖1-93）。

　　教學要義

　　「金刀金肘左橫胸」句，言左手以金刀之劈喻切掌，以

胸前橫肘喻金肘，指胸前肺絡之脈，並以左手拇指對右肩窩之「雲門」穴，以利「手太陰肺經」之循經。左足之「鳳點頭」的大趾間之「足太陰脾經」與「手太陰肺經」相為表裡循纏。故以此譜句獨闡其微。

第十七勢　左下勢獨立

操演譜文

右執勾手三陽俱，金刀金肘左橫胸。

左逡仆腿削金玉，紫燕抄萍下沉峰。

縱身提足金雞立，提膝上打偃月宮。

金鋒穿掌隨膝至，左足渾立左手封。

左起勾手三陽俱，右撇扶封切肘橫。

虎狻移身金頂落，削金截鐵不可輕。

騰身左起提龍腿，右足獨立展雙鋒。

全體大用

單鞭下勢削金鐵，虎狻移身封肘肩。

提膝上打致命處，半陰半陽掌單懸。

古稱金雞獨立勢，左右雙打上下翻。

內脈循經

下勢赴腿分跨虎，勾手穿掌力橫擔。

縱身金雞獨立占，膝打挑掌朱陵參。

武學概譜

橫肘切掌削金鐵，挺身獨立金雞鳴。

提膝上打致命處，下傷二足難留情。

動作要領

左獨立單鞭　虎狻移身　下勢單鞭　拖刀赴會

圖1-94　左獨立單鞭

圖1-95　虎㩳移身

右金雞獨立

左獨立單鞭　接前勢，又名為「金刀赴會」。身左轉，右足收回呈鳳點頭；左手向後畫弧揚起，至最高處化為勾手，同時右手以切掌於胸前橫肘，並以右手拇指對左肩窩之「雲門」穴。金刀之劈喻切掌，金肘喻胸前橫肘（圖1-94）。

圖1-96　下勢單鞭

虎㩳移身　繼前動作。身姿下俯，右腿向右方向伸右足為「仆步」，左足踏實，左腿下坐；左右手姿勢不變（圖1-95）。

下勢單鞭　繼前動作。身姿漸向下俯而降低，右足仆腿下勢；右手以削切之勢沿地面而擊出，然後轉向右足尖處

圖1-97 拖刀赴會

圖1-98 右金雞獨立

擊之，掌心向前方，虎口向上，餘姿不變（圖1-96）。

　　拖刀赴會　繼前動作。身姿漸起；右手以穿掌上挑，左手以勾手拖於身後（圖1-97）。

　　右金雞獨立勢　繼前動作。右腿直立，進左腿抬膝，右腿變為獨立勢；同時右手做「封護」姿，左手以「金鋒穿掌」挑之，舉在身前，內含切掌（圖1-98）。

第十八勢　玉女穿梭

操演譜文

落下左足上右足，虎步左肘平肩封。

右化托掌齊左位，一上一下抱球生。

內旋球法分左右，雙掌搖身虎換龍。

右扞托掌滾肘架，下藏左掌撞中宮。

左足趒越右足鋒，右抱球持右肘橫。

左掌上翻橫肘降，右掌遂按穿梭聲。

全體大用

左右穿梭抱球含，橫肘上揚掌托天。

內旋球法左右位，下掩龍雷撞掌參。

斜走四宮封四隅，掤滾上架鐵甲環。

只因此法輕靈便，喚做穿梭玉女傳。

內脈循經

穿梭參做抱球姿，金風離火自周懸。

托掌外翻運心脈，按掌前推奏金弦。

武學概譜

玉女穿梭隅方變，斜行凜敵四角封。

動作要領

進步滾球　鐵甲獨龍掌　太極抱球　上步滾球

太極抱球　接前勢。左足平落為虎步；左手化切掌為扶封掌之扶球手，左上臂平肩相齊，同時雙手掌心相對，在左胸前成抱球勢（圖1-99）。

圖1-99　太極抱球　　　　　圖1-100　進步滾球

圖 1-101　進步滾球

圖 1-102　鐵甲獨龍掌

進步滾球　繼前動作。身體前移進右足，然後蹬左足，右腿變為弓步；同時雙手抱球向外旋轉（圖 1-100、圖 1-101）。

鐵甲獨龍掌　繼前動作。身體右轉，向右傾斜；右手外翻向上滾，架在頭右上側，左手掌向前按出（圖 1-102）。

圖 1-103　太極抱球

太極抱球　繼前動作。身體左轉，收左足尖於右腳側；同時雙手抱球呈右虎坐抱球，右手在上，左手在下（圖 1-103）。

進步滾球　繼前動作。身體前移進左足，然後蹬右足，左腿變為弓步；同時雙手抱球向外旋轉（圖 1-104、圖

圖1-104　進步滾球　　　　圖1-105　鐵甲獨龍掌（側面）

1-105）。

　　鐵甲獨龍掌　繼前動作。左手外翻，向上滾架在頭左上側，右手掌向前按掌（圖1-106）。

　　教學要義

　　「玉女穿梭」勢乃太極拳中以活步斜隅禦敵、防範與出擊同奏之法。

圖1-106　鐵甲獨龍掌

第十九勢　海底針

操演譜文

海底針蹲右坐虎，虛點左足落地輕。

左掌撤在膝邊護，右用穿掌直下沖。

圖1-107　虎坐蹲身　　　　　　圖1-108　海底針

全體大用

海底針要躬身就，下用穿掌驚丹源。

內脈循經

海底針要躬身就，左封右刺取丹田。

武學概譜

海底針要躬身就，金鋒掌刺金丹庭。

動作要領

虎坐蹲身　海底針

接前勢。右腿前跟半步，然後進左足，足尖點地，右腿屈膝下蹲，身體微前傾；同時右手向後畫圓弧收至右肩處，再向前下方穿掌下插，左手置於膝邊（圖1-107、圖1-108）。

教學要義

「海底針」是躬身俯首，閃過敵鋒，而以穿掌刺敵的招勢，故譜文言「海底針要躬身就」。「穿掌」即以指法戳擊

而成降敵之殺法。「海底針」則是以穿掌來戳擊敵之小腹丹田穴。

第二十勢　閃通背

操演譜文

閃通臂起左步騰，龍形虎躍右足蹬。

右手護頭橫架肘，立出左掌托架功。

全體大用

忽然上封金闕頂，右翻橫肘闖金乾。

閃通背上托架功，身取龍姿見真詮。

內脈循經

閃通背勢左為攻，身騰龍姿掌轉旋。

右翻橫肘封金頂，右腿蹬送左在前。

上揚翻手金催火，龍形推掌撞金團。

武學概譜

閃通背起托天手，斜身橫架闖龍形。

動作要領

搶步前趨　推窗望月

起身化機勢　繼前勢。身姿直立，右腿站立，左足於右足側，呈鳳點頭；右手上提於身前，左手回撤以「金鋒掌」待之（圖1-109）。

搶步前趨　繼前動作。隨之左足提起前踏，以龍形虎躍之勢前趨，遂蹬右足（圖

圖1-109　起身化機勢

圖1-110　搶步前趨

圖1-111　推窗望月

1-110）。

　　繼前動作。右手以護頭之姿橫架於頭右上，同時左手以托架之勢出之，呈現傳統之「推窗望月」（圖1-111）。

第二十一勢　搬攔錘

操演譜文

轉身搬攔錘三更，虎換龍威身展形。

右反砸錘降肘勢，左手右攔金肘橫。

左進一步縱其力，挺身後足乘勢蹬。

三陽氣貫左右腳，右握金錘擊不空。

全體大用

進步搬攔肋下使，反砸外降封肘拳。

三陽氣會身手足，右握金錘崩驚團。

內脈循經

進步搬攔肋下使，右砸左攔龍虎全。

圖 1-112　搬　　　　　　圖 1-113　反背砸錘·外降肘

右足上前橫金肘，後足蹬時貫右拳。

武學概譜

搬擋錘打降肘勢，右搬左攔龍虎迎。

連珠三勢藏變化，手執玄錘肋下生。

動作要領

搬　反背砸錘·外降肘

右虎踞勢　右握金鐘

搬　接前勢。身姿右轉，左腿彎立，右足進步在左前方，步呈環狀；右手由下至上「搬」之（圖 1-112）。

反背砸錘·外降肘　繼前動作。左掌由左側方向右胸前橫肘攔之，呈「左手右攔金肘橫」，右手化拳，以反背砸錘

圖 1-114　右虎踞勢

圖1-115 右握金鐘

圖1-116 側位大架

勢呈「降肘」勢；同時身姿呈虎踞勢（圖1-113）。

右虎踞勢 繼前動作。左足進步於右足前，右足在後，一前一後形成支撐身姿的合力，內含虎踞換龍姿的威態（圖1-114）。

右握金鐘 繼前動作。蹬右足，左腿變為弓步；隨之右拳從腰間向前直擊，同時收左掌於右肘處（圖1-115）。圖1-116為側位大架。

第二十二勢 如封似閉

操演譜文

左化穿掌神門下，左右兩掌托化成。

回展混元球玄轉，如封似閉撲按攻。

全體大用

左取穿掌救右急，左右兩手護正顏。

如封似閉雲環持，化做撞掌動金玄。

圖1-117　洗腕雙托掌

圖1-118　右虎踞‧雙掤

內脈循經

如封似閉洗腕纏，掌趁金宮顧盼間。

武學概譜

如封似閉顧盼定，全憑兩手護正中。

動作要領

洗腕雙托掌　右虎踞‧雙掤

右虎踞‧撲按　龍騰‧雙雲撞掌

洗腕雙托掌　接前勢。左手化穿掌，於右手腕部「神門」穴處掌心向上穿出。右拳變掌，雙手如托掌捧球狀（圖1-117）。

右虎踞‧雙掤　繼前動作。雙手翻腕上掤，同時身體後坐，左腿伸直（圖1-118）。

圖1-119　右虎踞‧撲按

圖1-120　龍騰·雲撞　　　圖1-120附圖　側位大架

右虎踞·撲按　繼前動作。雙手坐腕下按（圖1-119）。

龍騰·雲撞　繼前動作。蹬右足，左腿為弓步，同時雙手掌前推（圖1-120）。圖1-121為側位大架。

第二十三勢　十字手

操演譜文

右轉身姿展右臂，兩掌開合照前胸。

收攏右足身站直，兩腿微立期正中。

全體大用

右轉身姿合雙掌，十字手封金輪前。

內脈循經

雙抄掌攏合天地，十字手揮正胸前。

武學概譜

十字手法變不盡，開合顧盼運神明。

圖 1-121　過渡換勢

圖 1-122　左移捧沙掌

動作要領

　　左移捧沙掌　餐霞掌　右移捧沙掌　右鳳點頭十字手
十字手

　　左移捧沙掌　接前勢。身
姿右轉，右臂展開。此為過渡換
勢（圖 1-121）。

　　繼前動作。如圖 23-2。身
姿左移；雙掌掌心朝前，手勢下
落，呈「左移捧沙掌」（圖 1-
122）。

　　餐霞掌　繼前動作。身姿
中立（圖 1-123）。

圖 1-123　餐霞掌

　　繼前動作。身體右移復呈
「右移捧沙掌」（圖 1-124）。

　　右鳳點頭十字手　繼前動

圖1-124　右移捧沙掌

圖1-125　右鳳點頭　十字手

圖1-126　側勢鳳點頭

圖1-127　十字手

作。右腳以鳳點頭勢收回，雙手以捧沙掌由下向上似捧沙而起（圖1-125）。圖1-126為側勢鳳點頭。

　　十字手　繼前動作。自然站立，兩掌以捧沙掌化為十字手，掌心向裡朝面部及胸上部（圖1-127）。

圖1-128　兩掌外翻下落　　　　　圖1-129　氣脈歸元

第二十四勢　收　勢（合太極）

操演譜文

雙掌外翻兩側落，太極合手勢完成。

全體大用

兩掌外翻復下落，身姿微立收真元。

內脈循經

兩掌下落收招勢，合神會脈斂真元。

武學概譜

兩掌外落合太極，二十四式操練成。

動作要領

兩掌外翻下落　氣脈歸元　指掌下落　還原

兩掌外翻下落　接前勢。雙手外分翻轉慢慢下按（圖1-128）。

此為「氣脈歸元」，繼前動作。兩手落至小腹前（圖

圖 1-130　側位細部

圖 1-131　指掌下落‧斂氣入竅

1-129）。圖 1-130 為側位
細部。

指掌下落‧斂氣入竅

繼前動作。收掌於兩腿側，
身體自然站立（圖 1-
131）。

　　繼前動作。復回還原，
即練拳起勢之先狀態，完成
太極拳的全部演練（圖 1-
132）。

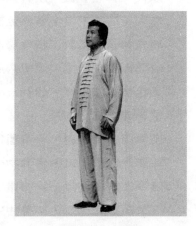

圖 1-132　還原

操演譜文

　　二十四式心意會，體鬆氣固神要寧。

　　太極行拳操演後，體魄康健自有情。

全體大用

　　真氣循通廿四式，三昧精神氣斂全。

周經百脈無休歇，一氣通眞太極拳。
先師傳拳經範勢，後學拳經證前源。
全體大用意爲主，宣和百脈自通玄。
有法有淅名太極，陰陽動靜氣血宣。
神意相合全武道，天下英豪盡延年。

內脈循經

外周拳脚廿四式，內應百脈氣血宣。
行拳凝神開文武，經運內脈自循纏。
初知內脈循經注，再審祥和血氣源。
十二經行太極輪，八脈奇經自循傳。
以武弘仁證玄機，以神推脈期天然。
感而遂通精斯道，藝精於勤費經研。
輾轉相習無休歇，精意揣摩見眞詮。
古傳太極練神意，經研內脈效前賢。
太極操練天行健，始知太極非等閒。

武學概譜

前取諸法參古意，今演簡化寄有形。
此譜應作蒙教化，育澈初學權武情。
遇敵上前迫近打，仔細鑽研洔藝精。
習武尚需眞傳授，勢勢法法要記清。
文武之理渾爲一，分厘不錯細審聽。
展卷操拳會古意，莫讓歲月等閒更。

教學要義

太極拳生命的出現，則是三豐祖師「欲使天下眾英豪益
壽延年」之宏願，對習練太極拳的人具有健康長壽、永保青
春的永恆意義，非徒有技擊之末耳。

中國醫學所言「有其內必形之於外」，透由外在具體操練的行功，二十四式太極拳有形象的鍛鍊，內在的百脈調和和氣血充盈是在拳腳動作過程中體現的。譜文言「外周拳腳廿四式，內應百脈氣血宣」。外練拳腳動作，內應宣和氣血，這才是傳統的武學循經太極拳的特點。

宗風之武學，有譜文經典傳宗為文，有招勢名稱、動作、意義的學習為武。文武合參，乃宗風傳真。透過外在的文武兩大途徑闡述道理，敘說武學之精湛，同時內操內練，有內外同步的練習方法，配合經絡運行，宣和氣血，推動內脈的循纏，從而到達武途武學的真實境地。從人身氣血精神之操持鍛鍊，乃至走向「以武弘仁」之道德的操修，參玄印證自然界與人的生命生活的契機。從膚淺地初步學習太極拳運動，努力到以神意相推，影響著身體內的血脈精氣，領會「神水來潮」「以神推脈」，以期自然之天性豁達，智明達化境界。達到真如妙境，「感而遂通」地步，以拳藝所會，再造精神，精於斯道。

正如古人所教化那樣，「業精於勤」「遊於藝」。這條路是頗費精力的。傳統的太極內脈是以神意為用，「意氣君來骨肉臣」。透過「精研」太極拳操持，才能繼承傳統，效宗古人，使民族精神之瑰寶得以弘揚光大。

太極拳的武學並不是著重「技擊奪魁」，其高深玄妙之處是與道合真。由太極拳每日的操修，形成自然，合於古人所謂「天行健，壽而康」之境界。能站在這個知識領域中去理解和學習相同的太極拳，操演內練，始知民族傳統太極拳這個古老而又年輕的生命，真是「非等閑」啊！

第 **3** 章

循經太極拳的準備動作

第一節　小煉形概論

　　按照傳統丹經武學的修持階段，是先練動功後練靜功。先練動功是透過運動的方式，打開周身的關竅要道，以利於真氣在體內運行。體內的真元之氣，像流水一樣，按照水流的渠道遍布周身，這個渠道內係人的臟腑，外通人身肢節、骨骸、皮肉，即是古人在傳統的中國醫學中所言的經絡。

　　練習太極拳的第一步則是宣和氣血，疏通經絡，繼而達到練功的目的。

　　形乃人之體魄，煉為改變身心之過程，煉形二字是透過特種鍛鍊的方法，使身心體魄得到應有的改善，因而稱之為煉形術。

　　導引是在煉形的同時，改變人身內在之潛能，使經絡、臟腑、筋骨、皮肉、毛髮等部位隨著功法的變化得到應有的改善。

　　小煉形功法源於古代的導引術，是中國丹道武學的基礎。其原理是調動內氣、順其自然、分宮剖析等方法，外練

筋骨皮肉，內凝真元精氣。調動營衛之氣，對症導引，疏通經脈快，效果顯著。

由動功入手的小煉形，每個動作都有特定的功效，且按照固定的程序進行，以達到預期的效果。這種簡單易行、隨手奏效的小功法，古人把它稱之為「小煉形」。顧名思義，是透過鍛鍊，達到調節人身的形體過程，這個過程就是小煉形的修持過程。

小煉形針對性很強。它先由局部合理、有節奏的運動，來疏導練功過程中較難暢通的經脈穴道，然後進行局部的氣機循環、導引，使練功之人短時間內能儘快調整氣血運化，進入正常的鍛鍊。如「金鋒抖肘」，動作簡單，只由陰陽手的轉換，兩臂向後抖動及肩關節的滾轉力，就調整了膻中、夾脊、大椎、肩井、雲門、章門、期門等穴道。

活動了內臟，調整了呼吸，擴大了胸、肺容量，使人身體的上半部得到了改善。而「跨虎橫雲」及「提龍腿」，又疏導命門、會陰、湧泉等穴道，調節了足三陰、足三陽的氣機交注，注重疏通下肢的經穴脈道，使氣機左進右出，右進左出，以利於下步行功。而「搖身掌」又是透過拍打、振動的形式，進行全身調節，使膻中、夾脊、丹田、命門，由掌的發力，產生振動與共鳴，迅速向外擴散，使陽剛外越，是調整周身氣血巡行的最佳方法，而且又是強壯筋骨的一種排樁辦法。「醉翁撲蝶」「虛彌振翅」等動作是藉由自身的牽引及扭轉來調節周身的筋脈，提高了人體的柔韌性及內在素質，使人矯健、靈活。由導引開通了周身的經絡，達到氣與力合，為內功運轉、武技演化奠定了基礎。

第二節 小煉形動作詳解

（一）金鋒抖肘　　（二）搖身掌
（三）跨虎橫雲　　（四）提龍腿
（五）醉翁撲蝶　　（六）虛彌振翅

（一）金鋒抖肘

「金鋒抖肘」，是由兩臂掤起、掤手展動、掤手照面、雙仰托掌、金輪交注、金鋒抖肘、穿掌前移七個動作組成。

功效作用

自然抖動，可疏通經絡，活動前胸、後背、雙肩的關節。透過手臂所發出滾轉力的運動，直接打開膻中、夾脊兩大要穴；增強胸腔臟腑的活動，調節手三陰、三陽的氣脈循環。

名詞解釋

「金鋒」是指手太陰肺經的內景在行功中的說解。中國醫學認為，肺在五行中屬金，肺為五臟之華蓋，位在最上，其色白，其形圓，故氣機交注謂金輪。抖肘武技合於肺金，金從革為刃，故此為金鋒。

行功圖解

預備勢

自然站立，兩臂下垂；頭要中正，兩眼平視前方；身體成一直線，百會與會陰相合；兩腿站直，不得彎曲，足距與肩等寬；全身放鬆，消除雜念（圖2-1）。

圖2-1　預備勢

圖2-2　兩臂掤起

兩臂掤起

兩手掌同時展動，以中指為中線，轉腕帶動前臂，手背向前，掌心向後；兩臂向上抬，內含掤勁，兩臂自然運動（圖2-2）。

掤手展動

兩臂化掤力上抬，臂抬平則止；兩手吊腕而起，手要舒適自然，十指下垂（圖2-3）。

掤手照面

掌心向下，兩臂抬平；轉腕捽掌，十指與膻中相對（圖2-4）。

雙仰托掌

手臂向外滾轉，以臂帶動腕，翻轉雙掌，十指向前，掌心向上；肘微下沉。掌如托物狀，形成雙托掌（圖2-5）。

金輪交注

繼上勢。拇指外展，兩掌分開尺許，肘向後移動（圖

圖2-3　掤手展動

圖2-4　掤手照面

圖2-5　雙仰托掌

圖2-6　金輪交注

圖2-7　金鋒抖肘

2-6）。

金鋒抖肘

1.上勢不停。肘向後擊出，用前臂轉腕時所發的滾轉力
（圖2-7）。

圖 2-8　金鋒抖肘

圖 2-9　穿掌前移

2.兩臂抖動，兩肘向後發力移動；隨之胸腔、兩肩及手臂得到鍛鍊（圖 2-8）。

穿掌前移

1.向前移動上臂，帶動兩肘前行；向內滾轉前臂，轉腕。掌心向下；十指向前做穿掌（圖 2-9）。

2.兩臂推動兩掌；十指化穿掌（圖 2-10）；取掤手照面動作，向後往返，滾轉前臂，復將肘擊出反覆運動。

圖 2-10　穿掌前移

（二）搖身掌

「搖身掌」一勢，是由蕩臂而起、擊掌而落、蕩臂反彈

等動作反覆運動組成。

搖身掌分為主勢、化勢、餘三勢運動行功。

功效作用

隨著拍打的部位，達到鍛鍊的目的，促進氣血循環，使氣力合一，調節運動頻率。主要開通丹田、命門、膻中、夾脊，用動功打開行功的三關九竅。達到水火既濟的內景（命門、夾脊屬督脈，膻中、丹田歸任脈）。

名詞解釋

「水火既濟」出於周易坎宮第四卦，中國醫學、傳統隱語把人體中的氣脈分為陰陽，任脈屬陰，督脈屬陽。先天腎水為坎水，命門真火為陽火；又指心為離宮為火，腎為坎宮為水。既濟是指陰陽氣脈調和到最佳狀態，心火下降，腎水升騰，心、腎二氣相交。

行功圖解

搖身掌主勢

預備勢

詳見金鋒抖肘（圖2-1）。

蕩臂而起

兩臂以舒適、活潑之力，由腿側前、後擺起；左臂向身後腰背處移動，右臂向身前丹田小腹、胸前膻中前移動；左右臂同時運動，全身協調一致，靈活自然（圖2-11）。

擊掌而落

右手繼前動作不停，落於胸

圖2-11　蕩臂而起

圖 2-12　擊掌而落　　　　　　　圖 2-13　蕩臂反彈

前膻中處，左手繼前動作不停，以手背擊落在背後夾脊處，右手為單捶掌，左手為反背捶掌（圖 2-12）。

蕩臂反彈

借擊在身體上的彈力，將右臂抬起向右後方移動；左臂抬起向左前方移動（圖 2-13）。

蕩臂而起

兩臂自然協調而動，左手向胸前膻中處擊去；右手向背後夾脊處欲擊（圖 2-14）。

擊掌而落

如圖 2-12 所示，左手擊在膻中處，右手擊在夾脊處。然後兩臂蕩出。左右手反覆運動。

化勢

由蕩臂而起，擊落在肩頭、夾脊（圖 2-15、圖 2-16）。

圖2-14　蕩臂而起

圖2-15　化勢（正面）

圖2-16　化勢（背面）

圖2-17　水火既濟

搖身掌一勢

水火既濟

由預備勢至蕩臂而起，擊掌而落，前手擊在丹田小腹處，後手用反背摔掌擊在命門腰際處（圖2-17）。

圖 2-18 化勢

圖 2-19 反背摔掌

化　勢

　　兩臂蕩臂而起，擊掌而落打在肩頭；後擊反背摔掌於命門腰際（圖 2-18）。

搖身掌二勢

反背摔掌

　　預備勢起，兩臂參差向身後移動，左右手交替，反背摔掌擊落在背後、腰際命門處（圖 2-19、圖 2-20）。

圖 2-20 反背摔掌

搖身掌三勢

雙掤撩掌

　　由預備勢兩臂向左右張開，鬆靜活潑而起，臂發掤力，以撩掌而動（圖 2-21）。

擊掌而落

兩臂同時向下落，兩掌擊在腿側，中指對準風市穴（圖2-22）。

此動作反覆運動，與前勢交替進行。

圖2-21　雙掤撩掌

（三）跨虎橫雲

「跨虎橫雲」分為三勢練習，一勢是移動重心，外展足、內扣足的運動；二勢是在一勢的基礎上大跨步，喻之飛身跨虎；三勢是大幅度練習，為跨虎橫雲。

功效作用

由動作的反覆運動，重點調節足的三陰經脈、三陽經脈的氣機交注，通其經絡，活動腰、胯、膝、踝關節，以開會陰（即海底、至極）。

名詞解釋

「跨虎橫雲」，隱語，虎

圖2-22　擊掌而落

為血光之神，為意。「跨虎」，指透過練功修持的方法，來調節自身的血脈流注，以意行功。「橫雲」，指其變化如雲，無定姿之意。武技中另有內涵。

圖 2-23　重心左移　　　　　　圖 2-24　右足外展

行功圖解

跨虎橫雲一勢

重心左移

重心向左移動，將左腳踏實，右腿順勢將足尖前掌離地抬起，右腳足跟著地（圖 2-23）。

右足外展

以右腳足跟為軸，右腳尖外展翹起，左腿順勢自然彎曲（圖 2-24）。

右足外展至極限。

右足內扣

以右足跟為軸，足尖內扣至極限（圖 2-25）。復之以右足踏實，以左腳足跟為軸，外展至極限，然後內扣至極限。重複動作，以左足踏實，外展右足。重心隨動作移動，交替進行。

圖 2-25　右足內扣

圖 2-26　飛身跨虎

跨虎橫雲二勢

飛身跨虎

大跨步，兩手自然下垂，隨之擺動重心右移；左腿伸直，右腿彎曲，左足落地，足尖翹起（圖 2-26）。

左右交替，反覆動作。

跨虎橫雲三勢

橫雲伏虎

繼 2 勢後大幅度練習（圖 2-27）。

（四）提龍腿

此勢比較簡單，是「提龍吊足」化為「蛇彈」的腿法，此為動功一勢，後有站樁一勢為「黃河置足」。

圖 2-27　橫雲伏虎

功效作用

由簡單易行的運動開始，活動腿的關節，達到調順氣機，以順陰陽之道，打開湧泉穴，以利內景交注，合於自然。

名詞解釋

「提龍」二字源於內景中的氣機交注，陰陽經脈的氣機交注往返循環，形成一個太極周經，陰極而生陽，陽極而生陰，往來勢如穿梭，勢若蛟龍。又指提龍——易經，九五飛龍在天。提龍者喻陽氣升騰之意，透過修持煉化純陽之健。

圖 2-28　提龍腿

行功圖解

提龍腿一勢

預備勢

詳見金鋒抖肘（圖 2-1）所示。

提龍腿

1. 重心移在左腿，右腳尖點地，右膝彎曲（圖 2-28）。

2. 右膝向左側移動；右腳尖點地不離，隨之自然動作（圖 2-29）。

圖 2-29　提龍腿

3. 右膝由左向右畫弧運動（圖 2-30）。

4. 向右至極限（圖 2-31），然後恢復右膝左移。

1～4 動作反覆運動，劃圈數次。右足尖不離開地面（左右腿交替行功）。

圖2-30　提龍腿　　圖2-31　提龍腿　　圖2-32　提龍腿

提龍腿二勢

此為站勢樁勢。

功效作用

以挺拔身體、壯筋骨強腎、增力收腹來調節氣機歸元。
兩臂合抱以充內力。

名詞解釋

黃河置足——內景功中，黃河是指會陰，又為三江口、
海底穴。在太乙氣化過程中，沖脈、任脈、督脈三流合湧而
出，沖開陰蹻庫會陰穴。黃河置足，當解為大周天的循經導
引，是指從會陰穴到足心湧泉穴的循注交流。

行功圖解

重心移於一腿，站直而立穩，另一腿屈膝，用兩臂抱
起，身體站直挺拔，頭要正，不能低。兩腿交替動作（圖
2-32）。

提龍腿三勢

提龍腿 3 勢是行功，俗稱「走椿」，是以抬膝吊足而起，向前行走。是將氣機下注於掌心勞宮穴和足尖及足心湧泉穴。

功效作用

此勢以活動筋骨的行功來調節內力運行，達到鍛鍊的目的。

行功圖解

自然站立，重心移於一腿，另一腿提膝上抬，周身自然協調，舒

圖 2-33　提龍腿

適活潑（膝盡量高抬），然後落步向前，左右腳交替運動行走（圖 2-33）。

（五）醉翁撲蝶

「醉翁撲蝶」一勢，是由太乙分身、轉身欲撲、右手左撲、起身欲立、左手右撲五個動作組成，反覆運動行功。

功效作用

從表象的抻筋拔骨，到內力運轉的內景氣化，始終調節人體自身的氣機交注，使筋骨、皮、髓內的氣機轉化平衡。

名詞解釋

「醉翁」喻指反俗的天真，內景功中的顛倒之象。「撲蝶」喻指為虛幻中的概念，又指莊周化蝶之典故，謂之修真的階段，要達到離俗返真。此指靈活暢達的氣機轉化為純陽之象，動靜怡然，喻之「醉翁撲蝶」。

圖2-34 太乙分身

圖2-35 轉身欲撲

行功圖解

預備勢

詳見金鋒抖肘（圖2-1）所示。

太乙分身

兩腿站直，兩足相距大於肩寬，兩臂平行，左右伸成一字，手指伸開，掌心向下（圖2-34）。

轉身欲撲

兩臂伸直，站立不動，身體左轉；右臂向左下方移動，掌心向下，左臂順勢伸開向後移動（圖2-35）。

圖2-36 右手左撲

右手左撲

彎腰下俯，頭抬起，不能低下；右臂伸開，右掌心向下，向左腳尖外側撲按而下，左臂隨之擺動，以伸腰、抻臂為主（圖2-36）。

起身欲立

提起右手，略起身，身體向右稍轉；左臂放下，繼而伸開；身體右轉（圖2-37）。

左手右撲

左臂伸開，掌心向下，向右腳尖外側處撲按；右臂隨之擺動，抬頭（圖2-38）。

往返數次，左右交替進行，然後慢慢起身復原。

圖2-37　起身欲立

（六）虛彌振翅

「虛彌振翅」一勢，由兩臂橫開、右側伏身、右伏振翅、左側伏身、左伏振翅數式組成。

功效作用

從起勢開始，勾通自身與宇宙自然界的氣機交注，從而達到外運肢骸，內練臟

圖2-38　左手右撲

腑，精、氣、神互為轉化及活動腰、胯、四肢的鍛鍊。

名詞解釋

「虛彌」是指傳統道家的內功轉化所專習的功法，俗稱「虛彌掌」，以掌法行持內功，用來調節自身的氣機交注。

圖 2-39　兩臂橫開

圖 2-40　右側伏身

「振翅」是指羽化的內景階段，對兩臂氣脈周循的調節。武技的演示過程也包括在內。

行功圖解

兩臂橫開

兩足距寬於肩，合適為度。自然站立；兩臂橫開，一字伸直，兩掌心向外推出（圖 2-39）。

圖 2-41　右伏振翅

右側伏身

胯微左移，身體向下側俯，兩臂伸開（圖 2-40）。

右伏振翅

繼前動作。身盡力下俯，右臂伸直，右手掌心下按在右腳外側（圖 2-41）。

圖 2-42　左側伏身　　　　　　圖 2-43　左伏振翅

左側伏身

胯微右移，身體向左側俯，兩臂伸開（圖 2-42）。

左伏振翅

繼前動作。身盡力下俯，左臂伸直，左手掌下按在左腳外側（圖 2-43）。

左右交替數次。

第 **4** 章

循經太極拳推進
循經的基礎

第一節　混元四手

　　丹道自古流傳，遠可追蹤漢、唐，當時諸眾仰崇道跡，故留下丹脈之學。

　　天地造物，萬物同緣，陰陽而道，化合人天。易象中陰極而生陽，陽極而生陰，互為互體。凡武當諸學人以武當的「緣法椿」來作為專修標準。「混元四手」又稱「玉環椿」「玉環之妙」，啟於武途，因後來修真習武之人，難盡功中之辛勞。限於先後天之機緣所感，一些饑寒之士，病苦之身，老邁遺痕，心有靈而形衰，師祖遂授「玉環」之法，雖乾形而亦盡坤道，同歸於妙，以證後來，大環遍跡，推演而示至今時。

　　實踐中證明，無論男女，甚至身體虛弱的人，都可以練習，只要是能扶著牆勉強地走上三五步這樣體質的人都可以練玉環椿。

　　玉環椿適於年邁體衰、久病初癒、元氣虧損之人習練，透過數十天的鍛鍊，身心自有改善之勢，使之強健身心，用

以療疾，人人可習。玉環樁適於科研人員、文化藝術等專業人士學習，使之對古老的「丹經道法」「易理陰陽」「納甲卦象」等東方傳統文化，由切身感受，有深刻的認識，體會「天人合一」以及修真的概說內容。

　　玉環樁適於青少年鍛鍊，啟迪智慧，益於心腎，利於筋骨，使之有動中樂律，動中求靜，增進各類文化文體藝術活動。玉環樁更適於武技、內功、醫療等專業人才增進功力的專修，可增進武技功效。

　　玉環樁是在自我的動態中調節本身的血脈元氣，即不用力，在先天、後天、呼吸、穴位……任何概念都沒有的前提下，從不協調到協調，動作的快慢和速度可根據自己的情況量力而行。實踐證明，玉環樁這個密持功夫，同時也是康復自我、健全身心的專習專修。

　　玉環樁左右循行，周而復始，往返無間，達到一定的數量，達到一定的鍛鍊程度，方可休息。

　　玉環樁功法是由八個動作組成：二儀呈象、隱現虛靈、金頂沉鋒、予注中元、水撞金輪、麗龍含珠、玉虛呈華、金風返真。

二儀呈象

　　自然站立，目光平視（圖3-1）。重心移於右腿，左腿自然向前邁出一步；同時兩臂向前揚起，左手在前，右手在後。兩肘微屈，掌心向前，五

圖3-1

圖 3-2

圖 3-3

指呈爪形，指掌放鬆，目光平
視，周身協調（圖3-2）。繼
上勢，重心前移，左腿呈弓
形，膝前屈不超過足尖，右腿
伸直；兩掌向前推出，掌心微
向外「吐」。兩臂曲中求直，
不可僵直。身體順勢微向前傾
（圖3-3）。

隱現虛靈

繼上勢。以腰胯為主宰，

圖 3-4

重心後移，以身形帶動兩肩，
以肩帶手；兩足踏地不動，兩腿相隨身形（圖3-4）。

身體重心移至右腿，左腿伸直不僵化；兩臂肘繼向後移
動，兩手收回至膻中際、胸前時，掌心相對，兩手呈抱球狀
（圖3-5）。右掌心向上，右肘後移，左臂上抬，翻轉掌心

圖 3-5

圖 3-6

向外，至額前，距頭一拳有餘；身形上姿不動，微做下沉坐勢（圖3-6）。上勢不停，兩臂同時動作，左手做托架姿置於額頂，同時右臂上抬，肘向後上挑起，手掌貼於右腰肋處（圖3-7）。

金頂沉鋒

兩腳不動；右手順背右側腰際處貼身推下，過臀部經大腿的後側向下導引，同時身形順勢蹲身（圖3-8）。

圖 3-7

取右坐步繼續下勢蹲身；同時左手不動，用力撐起，右手貼腿後側導引，推至腳腕處（圖3-9）。重心前移，身形徐徐升起，同時以身形帶動兩臂。右手繞過外踝至內踝，順右腿內側上行，指尖向下，同時左手從額前翻掌下移（圖

圖 3-8

圖 3-9

圖 3-10

圖 3-11

3-10）。

　　身形前移並站起，重心移向左腿，右腿慢慢向前提起；同時兩手分別由上至下向身前小腹丹田處移動，右手沿左腿內側由腹股溝處抬起，左手下滑（圖 3-11）。

圖 3-12

圖 3-13

予注中元

兩手至小腹丹田處，掌心向上，十指相對，如捧托球狀；重心移至左腿，兩膝同時彎曲，右腿為虛步（圖 3-12）。

水撞金輪

重心在左腿，提右腿、右腳向斜前方邁出一步，足尖先落地。兩手掌心向內，由托掌起手同時上提，帶動雙肘雙肩，兩手上抬不得過胸（圖 3-13）。

圖 3-14

麗龍含珠

手腳同時動作，右腳輕徐落地；兩手坐展雙腕，掌心虛守，手如浮球狀（圖 3-14）。

圖 3-15

圖 3-16

玉虛呈華

雙掌外翻，掌心向前；重心前移，兩掌向前推出，五指漸分呈爪形。兩臂兩腿彎曲；身形前移，重心移至右腿，右腿呈弓步，左腿漸伸直；同時兩臂向前推出，呈伸展狀，曲中求直，切不可僵化。掌心微向前凸「吐」（圖 3-15）。

金風返眞

繼上勢。重心漸向後移動，腰、脊、臀、胯先向後移動，帶動肩、肘、腕、手隨身形向後移動。掌心向內收斂，兩臂回拉（圖 3-16）。

「金風返真」緊接下勢「隱現虛靈」。

隱現虛靈

此式同前，惟左右腿不同。

第二節 易解玉環椿

一、玉環椿修持中的感而遂通

傳統的功夫是效法自然，與天地自然相感應。古人指出練功要「感而遂通」，由體會鍛鍊中自己身體狀況的變化，自我與宇宙自然的開合、升降、聚散、有無、動靜、陰陽等等的變化，使自己洞察學識功夫的內隱。

感而遂通，首先要「感」，靠人的眼、耳、鼻、舌、身、意識去感，去感受自己，接觸自然，接觸社會。人們所感知、所學習的知識分作兩個方面，一種是先天的，一種是後天的。按照《周易》，易分陰陽，易分先天、後天。先天的稱為智慧，後天的才叫知識。知識和智慧兩者要結合起來，才能形成完美的世界。

知識是人出生以後，由對周圍各種事物的接觸，由進學校學習，學會了原來不懂的東西，這些透過學習而得來的學問就是知識。

在人類本體，還有另外一種就是智慧。智慧也叫做真知。在關亨九老先生的著作《武當修真密笈》中，關老提到「一切事物我本不知，但偶然而知……然而與所學與書本上的相吻合，才是真知」。就是說一切事物自己本來並不知道，但突然間就知道了，而且所知道的與實踐、與書本上的相吻合，這才是真知，是智慧。

知識是學來的，是後天學而知之。而真知則是人體體內的自我，性靈性。現代科學所說的靈性學，就是人體真如智

慧在閃光，也就是丹道學裡說的「先天一粒真種子」在閃光。閃光的智慧不是學而知之，而是偶然而知。

關老的「偶然而知」，是一種跡象，是一種形式。可是為什麼有許多人不能偶然而知呢？那是因為他們沒有達到「恬淡虛無，真氣從之」。人們所注重的是「恬淡虛無」，卻忘掉了「真氣從之」，這是不全面的。先天的真知和智慧，古人曾經在佛學當中探討，在四禪八定當中討消息，覺得大家有悟性，有了悟性就產生大覺，這種覺悟，使自己領略到自身有一種玄妙的內在，這就是靈性的閃光。這種覺悟佛家又稱為「見性」。宋代就已經正確地提出來，「見性就是佛」。佛就是真正地明白了常人所未明白的事物。人們把這個層次的人稱做佛，又稱做大知識。

大知識繼續昇華就是大慈仁者。大慈仁者的體現是「以道成醫」，大慈惻隱之心，救濟病苦，廣渡有情。被人尊為「藥王爺」的孫思邈指出，大慈仁者是「華夷愚智，皆乃親之」。儒家也提出「有教無類」。人類的修真就是要從後天的塵雜當中找回先天的自然的屬性，返璞歸真，淨化自身。

在「以道成醫」的「道」的學習過程中，就要去感受人與自然的關係。無論是鍛鍊身體還是休息，都要以這種大慈仁者的心態去感知，進入到大慈仁者的心態。古人說「全憑心意練功夫」，「正心在人，正意在己」。正是要自己去感知，去領略，然後感而遂通。

在玉環樁的鍛鍊過程中也要去體會，去領略智慧的閃光，去感受身體內部的變化以及外界自然的啟迪，然後感而遂通。在鍛鍊過程中身體變結實了，出現了和循經太極拳一樣的循經現象，或者出現了偶然而知的事物跡象，此時要判

斷是否與實際、與書本上相吻合，如果相吻合，那麼就是真知，如果不相吻合就不是真知，而是幻覺。這些要在具體的鍛鍊中自己去分辨、體會，要「學而時習之」，把從書本、課堂上的學而知之和自己鍛鍊的偶然而知的真知結合起來，使體格和智慧上同時進步。

二、易解玉環樁

二儀呈象：一分為二；
隱現虛靈：分為前後；
金頂沉鋒：高下沉為之降；
予注中元：向上起身為升；
水撞金輪：元氣上升；
麗龍含珠：合二為一；
玉虛呈華：一分為二；
金風返真。

（一）二儀呈象

在鍛鍊之前的站立狀態，身中陰陽平衡，是虛無之象。如何審定是先出右腿還是先出左腿呢？人體的氣機運行是右進左出和左進右出，太極拳中雲手感覺更清楚。氣機總是忽而右忽而左地循行，形成的這種橫的 8 字，也是橫的 S 線，總是這麼循行，中間的交點路過很多地方，這些交會的點就是身體的關竅、要道、穴道、脈道，統稱為內景隧道。

「內景隧道，潛行真經」。內景只有進入專修階段才可以體會得到，感受得到。就像聽力和視力，檢查後，有人才發現視力和聽力和常人不一樣，檢測之前，自己也不知聽力

和視覺存在著不足或是超常。可是透過醫學可以測檢得出來。而練功的人是完善自我，氣息按體內一定的軌跡循行，去體會，去感而遂通。

在感受宇宙、感受自然之前首先要能夠感受自我。所以在開始時，是感而遂通，使體內產生循經現象，潛行周經。比如氣機左進右出，右進左出。最初是體會不到的，在循經太極拳中練久了才會有這種體會。然而這種現象在玉環椿裡卻體會得非常清楚。

二儀呈象首先要求自己靜下心來感而遂通。分開左右，哪個腳堅實就先邁另一隻腳。剎那間產生變化，分為陰陽，分為虛實，分為進退，起步的同時把手也抬起來，就是起步勢。

在起步的瞬間，身中的陰陽運化就能感受到了。循經雖然是左進右出，右進左出，但如何體會前後的區別呢？所以太極拳拳經裡邊說「支撐八面」。就像寫字一樣，沒有寫字的時候，筆垂中宮，上下左右，分為前後，交叉45°，八個方位都要照顧到，人的內在平衡，也要守住中宮，姿審八面，這樣自己的體態姿態就符合易象的要求了。

這裡還沒提到用不用力，放不放鬆，只提到筆垂中宮，姿審八面。書法裡提到筆垂中宮，八方回蕩，不管練什麼姿勢都從這裡入手，體會一下就不一樣了。

傳統的功夫是練精、氣、神，鍛鍊的時候要提起精神來。古語云：「正心在人，正意在己」，思想靠自己來控制。精神能提得起。就是說，首先元氣要集中在丹田，由丹田再到顱腔裡，最後從兩隻眼睛再出來，這是精神能提得起，也就是拳經裡說的「滿身精力頂頭立」。

把神氣提起來以後，按醫學上講，清陽上舉，濁陰下降，每時每刻要調整自己的陰陽二氣，使陰陽二氣順服自然，清陽上舉，人就神清氣爽，濁氣下降，如果不是這樣的話，清氣和濁氣混在一塊兒，人就委靡不振，白天沒有精神，晚上不能入睡，這是俗語說「發蔫」。如果遇到這種狀態怎麼辦，就要練小煉形來調整，用強化的辦法來調整自我的氣血，調整肢體。

（二）隱現虛靈

二儀呈象之後，抬手抬腳，落地以後，身體要向後蹲，但不是馬上就蹲下來，而是起勢以後，身體向後一坐，把重心移動到後腿。在移動過程中，沉浮、升降這種力的轉換，怎樣配合體內的氣脈流行，怎樣接著二儀呈象左進右出、右進左出產生變化？

手抬起來向前邁一步，兩腳平行下落，身體在兩腿之間，然後向後移動，手抬起來向後一坐，這種站樁作用可以調整人的腎臟。峨嵋派的虎步功，是六大專修功中的主要功法，它完全靠這個姿勢調整腎氣，調整腎的功能。

玉環樁是體內的氣出現八方回蕩以後，首先天一生水，調節先天元氣。可以由這種樁功來調整自己的腎，這是峨嵋派的虎步功的起勢。隨著動作分為左右，胳膊基本上是一左一右交替進行。在交替運動的過程當中，含著一個太極球，推出去再拉回來，包含了太極球的運化，可以領略其中的運化。太極球的學術用語是太乙混元球，體內真氣飽滿以後自然產生這種完整無缺的跡象，絕對不是熟練動作而已，在練的過程中有一個形象感、實物感。

要注意領略、體現太極拳裡說的仰之彌高、俯之則彌深的這種境地。

太極球回來的時候，隱藏在裡面，隱而不現，很多人練的時候未能體會到這個球。然後就開始一手在上，一手在下。在做的時候，回來時要注意感覺，在這個過程當中有一種向前的傾向。隱而不現，這就是七十二禪樁裡的倒提金槍，裡邊有這麼一勢。倒提金槍也是一個站樁的姿勢，然後就可以盤花蓋頂，就是從這裡演化出來的。

（三）金頂沉鋒

手向下走，順腿向下推做行血推脈，這個動作叫金頂沉鋒。從二儀呈象開始氣機便運轉起來，進入到第二勢，前後一動，氣就流動了。氣在流動中，清氣上升，濁陰下降。金頂沉鋒就是氣灌到頂，灌到頭，向下一降是身體下降，陽氣也隨著往下落。

金在脈道裡面，乾為頭，這種無欲則剛的力量，元氣隨著動作向下落。陽氣在體內的至高點是百會，叫做六陽正巔，六陽正經升入到最高峰，又叫做九華真峰。九是數字當中的陽之極也。「華」指的是體內的元氣昇華、升煉到最完善、最寶貴的狀態，九華真峰是把人的元氣提煉以後上升到顱腔，體內元氣取經過長期的升降聚散形成一個顆粒，這個顆粒古人稱之為玄珠。

如果這個粒子和宇宙當中的金氣相交合，它產生一種特殊的力量。《類經圖翼》（張介賓）講道宇宙當中有金氣，歷久不散，堅而不毀。練玉環樁也是讓自身得到宇宙當中的金氣，使自己的元氣得到金氣的作用，堅而不毀。金性鈍，

非火尅不能成器。五行當中，五行生尅，金生水，火能尅金，金氣在體內產生以後，要用火來升煉。

（四）予注中元

隨上式。上面的手化切掌而下，下面的手由三陰向上推行，同時聚集在丹田，這兩種力量形成抱球，抱在丹田小腹，這叫予注中元。

在兩手相合的時候，在向前邁步開始的時候，有一團氣聚在丹田，以心行氣，以形鑒真。

（五）水撞金輪

先天腎水在修真圖裡又叫「坎中真陽」。「坎中真陽水中金」指的是人的先天元氣、先天祖氣，這個氣從下面向上薰蒸，以薰蒸的辦法向上產生霧狀的氣化。「太乙氣化沖任督，三流合出陰蹺庫」，元氣振動的時候，它向上薰蒸像霧一樣溫養了其他臟器，向外達到皮毛。

先天的腎水向上沖騰，丹脈把這個過程叫做「水撞金輪」。腎水沖撞著肺，使肺調和百脈，宣合氣血。按照中醫的陰陽學說，腎主水而肺主金，本來是金生水，可是此動作是子來顧母，「水撞金輪」的作用，古人叫做「太乙氣化」。沒有達到水撞金輪的跡象，不可能循行周天。

「太乙氣化沖任督，三流合出陰蹺庫」，指的是真氣在體內首先要達到水撞金輪，元氣潤大千，周野全四極。按照修真來說人身是宇宙，宇宙即是人身，人的身體就是小宇宙，元氣就像春風、像雨露一樣滋潤自己的身體。周野全四極，達到像太陽黃經一樣運轉完美無缺，如環無端。達到四

極，就是達到自己的四肢，也可以說是達到東南西北，達到方圓六合當中。這在練功當中就可以領略，就可以體會。這種太乙氣化達到了子來顧母、水撞金輪的境地，才有希望進入到三流合出陰蹺庫，沖開海底會陰穴，從督脈而上行，進行水火丹道的修煉。

（六）麗龍含珠、玉虛呈華、金風返眞

周易的序文裡提到：「與天地合其德，與日月合其明，與四時合其序，與鬼神合其吉凶。」

「與天地合其德」，天包大地圓，宇宙太空，地我人天。也就是說在宇宙之中，六合之內，能達到感而遂通，這就是「與天地合其德」，如果以這種心態對待任何事情，肯定都有效果。「與日月合其明」講到了太陽，太陽不管你是好還是壞，它都無私地照耀著每一個人，給他以溫暖。太陽就是這樣的一種心境，它是自然的屬性。「與四時合其序」，一年四季，春夏秋冬，一天四時，子午卯酉，一生當中，生老病死，如何能沿著這個順序而享盡天年。

真正領略玉環椿的內容，要靠每個人在鍛鍊當中去感受，去感而遂通，這種感而遂通是在默默之中自己去領略，領略行功的精神，領略丹道氣化有規律的循行。

人身體當中有一種惰性。這種惰性力量較大時，它作用於人的心靈上，失去了理智，失去了「與天地合其德，與日月合其明，與四時合其序，與鬼神合其吉凶」，離開了自然的屬性，不辨是非。在真正的修真良知、靈性的閃光開啟之前，人是愚昧的，是無知的，無法可循。如果違背了自然的屬性，不去感而遂通，則不是修真，更談不上完善自我。

因而「精、氣、神」這個傳統的用語則有更深刻的內涵。真正修持的人是莊嚴的，坐有坐相，站有站相。武當的十三式太乙門戶掌打手歌，「靜如古塔立如鬆，動如行雲快如風」。

宗風中有「玉鏡懸而照塵」，自己的形態，從外表一看就知道心態。拿起鏡子照一照，看自己是什麼心態？經常照鏡子，自己領略自己，不只是返觀內照自己，表象也要照。真正的修持之人，應達到神采飛揚，無憂無慮，這才是返璞歸真。

第三節　循經太極拳之根本
——混元球

「一呼三寸，一吸三寸，一晝夜一萬零三千五百吸，脈行八百一十丈」，太極拳的「斂氣修脈、養氣柔體」就是致力於此，對推動生命運動的真元之氣的觀察，則是來源於古人對宇宙的認識。

古人認為在遙遠的太古歲月之前，宇宙是一個空曠無物的混沌世界。這個世界沒有上下的區別，沒有物象，什麼都不存在，只是一片虛無。古人把這個時期的運化稱為「太虛呈象」，即古人稱做「混沌未開」。經過若干年的運化，世界發生了質的變化，形成了霧狀空間，古人喻為「太素生形」。又過了若干年，世界上出現了一種振動，即是傳說中的盤古開闢。盤古氏揮動巨斧，劈開了渾蒙世界，使清氣上騰升為天，濁氣下降結為地。盤古氏的精氣形成日月星辰的天體運化，血脈化為江河湖海，骨肉變作山脈，毛髮化為林

木。這個古老的傳說是古人對宇宙擬人化的描述。

　　古人用《易經》這部古樸的哲學史書，來認識自然界中的萬物生長變化之規律。太極生二儀，二儀曰陰陽，二氣交感，產生萬物。

　　古人指出，天地產生之前的宇宙已充滿了「太合元氣」或稱「混元之氣」。天地生成之後，元氣即寓化在天地之中了，這時的先天之氣是陰陽未分的混元階段。直至天下萬物成形，「太極生萬物」，元氣也有了「陰陽顯化」的運行，交注往返，這時的元氣就不再是混元之氣，而成為孕育萬物的真元太和之氣。此一氣而分清濁，清者是靈光，濁者是精質，清者而成象，濁者而結形。靈光從形象而結形，精質從靈象所需而結聚，所以然者，天下萬物各有異態。

　　宇宙產生陰陽的變化，天上地下形成乾（☰）坤（☷）之象，二儀歧分之形。經過若干年月，又出現新的變化。地氣升騰，天氣下注，形成陰陽交感，呈於卦象為地天交泰（䷊），產生了生命，即古人所言的「三陽交泰產群生」。天地之氣未形成氣機交注之前，卦象為「天地否」態（䷋）。中國醫學及氣功哲理認為，人博天地宇宙陰陽二氣而剖產性命，入乾道為男，入坤道為女。陰陽感而復生，無有窮盡。

　　「天人合一」的理論則指導著人們對宇宙對自身的認識。宇宙之中的元氣古人喻為「太和之氣」，人身中之元氣則喻為「真元之氣」，或曰「祖氣」，醫家稱之為「腎氣」，道家的丹道謂之「坎宮真水」。天下萬物相互生長消亡的規律，古人曾謂之「道」。

　　這抽象的「道」，古人曾指出它的規律，「道生一，一

生二，二生三，三生萬物」。這是數千年前我們的先人，在漫長的歲月裡，觀察自然界，認識的萬物生生化化的演示規律及過程。

「無極生太極，太極生兩儀，兩儀生四相，四相生八卦」。或「太極生萬物」。

究竟「道」啟於何年何月，古人認為若干歲月之前，在天地還未有生成上下清濁的形象之前，「道」即存在這個世界上了。由混沌未分的鴻蒙階段，演示出「天地風雷山澤水火」的諸種層次，在沒有形成文字之際，古人曾以陰陽的卦象來表現這錯綜複雜的變化。這便是「易」學的生成，也是今天好多有志之士研究科學追溯今古所必修的功課。

《萬古丹經王》的作者魏伯陽曾以「易」學中的陰陽消長、卦象的演示，敘述了人與宇宙之間參同關係，《周易參同契》給後人探索人類和自然界的規律留下了深刻的影響。

所以然者，人與天下萬物同出一轍，皆以元氣復形，故元始化為清濁，有形有象，以致有先天後天之別。先天者原精、氣、神，亦為元精、元氣、元神，乃致性命有成，而生為後天的精、氣、神。此前後之變化是以無形之祖氣，生成有形之身，寓合陰陽生化之機，而後乃致形骸還原於淳和一氣，即為古人所言之「大道示之」之演化。

「道」的演化，啟示出「太虛呈象，太素生形」的過程，亦是元氣與道的關係，是以易理復出的。

經云：「大道至哉。」取天地寰宇的自然真氣來培育自身丹田中的元陽正氣，已經成為「大道至簡至易」的準則，由陰陽氣化的調節，使人身心得到改良，得到統一，得到淨化的層次。這即是古人謂之的「修真」過程。

因此，如何聚斂身中的元氣，使身中元氣還原為混元階段即「氣沖太乙，歸抱混元」的專修行持，「混元化形」的專修內容也是操修過程中更重要的一個環節。如此方能「道生一，一生二，二生三，三生萬物」，才能演化出多彩多姿的武技演化和太乙循經。

太極拳作為丹道的外功，無不體現了這一特點，用後天的水穀之氣來培育身中的元氣，並且以外在的球形運動作為團斂元氣之用，於行功中多見球形之表，實內有其形而發之於外，非是做作。

故而混元球實為太極拳之本，學太極拳必須精於混元球。在此錄下《混元大德密說篇》以作後學參真之用。

《混元大德密說篇》

夫元始開天，乃顯真如之術，遺法千秋而成泥痕，暢先祖之神珪，元明始證，賦之即久乃呈道也。實為真元隱處，大道精工，太乙循經，混元如一，窺出示之際，內景詳然，人天同象，三才如一，此一氣之用也哉。

正真子曰：

自始混元造地天，真如一氣育真元。

三花功夫驗九轉，統元歸真鑒道全。

千古遺痕留羽跡，先師授術隱妙玄。

一粒丹砂成今古，萬象同形產一環。

究人身以天地為根，陰陽為用，始有性命也，在天為氣，於地生形，陰陽參半乃現人身。若人以陰陽之數蘊之，則順應大道，自然以期，非良工之所為者，是先人曾於此道妙化人天，以至今時，道見良聞，真千載餘波，至此飛動。

尚苟不依人天爲用，道基何置，豈有良工之隱現者何。

正眞子曰：

眞華自在道始全，滇注眞如在三千。

根骸已注天地內，幾時丹砂透體圓。

上沖直入靈霄頂，仰觀飛出華一團。

自持瓦工演大道，非是人間無法傳。

混元一氣曾幾何時立注人天，先人示之乾坤未見，此氣已呈形，天地俱立，此氣以天地之形而寓。陰陽交注，分形化體，一氣通眞，乃爲萬靈，乃出人身，皆賴此之一氣爾，人身雖由元氣而動，然道中之體豈可離此一氣乎。天地以日月陰陽乘運，而道者則以陰陽合參。順應自然而爲用，又豈舍此一氣，夫天下諸物賴以聚化爲眞，氣之形質，猶以聚散而爲之也，聚散各任其態。修眞之士當明此道妙，宇宙之氣散而爲天下物呈姿形。人在其中，聚者斂萬象而爲之一，乃還原合於道機，此一理存之，大道昭然乎。

正眞子曰：

混元一氣斂入乾，妙將陰陽合做丹。

沖開金頂一氣注，精氣合神聚本原。

超然物外等同生，諸法圓通去滇還。

山人指出玄機處，混元密注是眞傳。

正眞子道出混元之隱，密注人天，當斯此際道可得之乎。前人示之，道可授而不可求，如今已證玄機三昧，時地我人天共爲之斯忽，閃耀間心神所感者，道發於斯，乃眞如之密，混元之形，道之德矣。

時本正眞子注於萬華樓者
李眞陽錄示三千
龍虎堂二十三代

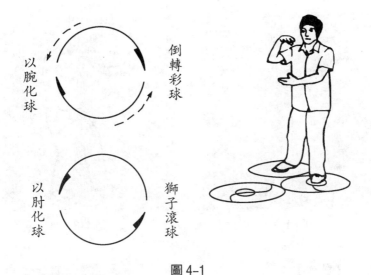

圖 4-1

一、倒轉彩球　獅子滾球

以易為象有進退，前後反正兩種運動。

「倒轉彩球」「獅子滾球」是一組對應的運動。如圖 4-1 所示。

倒轉彩球

兩手如捧球狀，兩手同時移動。或順時針，或逆時針，以手帶腕，以腕帶肘，而肩、而身、順勢協調而動。在下之手取穿掌勢，掌心向上，向前漸化掤手，掌心向裡。上勢不停，繼而掤手化切之坐腕，掌心向下，復化穿掌。另一手遙遙相對，同時動作，由下向前，由前向上。一隻手在上，另一隻手在下，掌心相對，做滾球狀運動。腰腿協調重力相繫轉換。球徑小於肩寬，大於頭闊。

圖 4-2　　　　　　　　　　圖 4-3

【動作】：

自然站立，右腿向前邁出一步，重心於左腿。呈子午樁法（圖 4-2）。

兩手抱球而起，右手掌心向上，左手掌心向下，兩手掌心相對，兩掌距寬於頭而狹於肩。

一足以「八卦入宮」法站八卦中正位某一宮，另一足踏入中宮，以期陰陽變化，目光平視，呼吸自然。

圖 4-4

繼前勢：右手臂以「穿掌」取勢，指掌向前上方畫弧臂漸抬起。左臂以「坐腕」取勢，向後展動，左掌心向前。兩臂同時運動，務必舒鬆，協調連貫。速度先慢，要均、輕靈，然後活潑、漸快。鬆肩、斂氣，自然而出（圖 4-3、圖 4-4）。

圖4-5　　　　　圖4-6　　　　　圖4-7

【動作】：
繼上勢。左手由坐腕而漸化切腕。
右手由上勢穿掌漸轉為掤手，但不發掤
力。左手為立掌，五指向上，右手為橫
掌，指尖向左，五指橫向（圖4-5）。

【動作】：
接上勢。右手由掤姿向後上方斜帶
運轉畫弧。左手由豎掌切勢轉化為橫切
掌，示托掌欲穿欲托狀。

上下兩手相對，手的指掌方向，遙
遙相錯形成錯綜子午之姿（圖4-6）。

圖4-8

左手由穿掌化為橫向之掤手狀，含掤勁於將發未發之
間。

右手繼上勢漸切腕坐腕而下，掌心向前（圖4-7）。

左手化掤手向上行，右手化切掌欲托狀（圖4-8）。

圖 4-9　　　　　　　　　　　圖 4-10

左手上行可化刁攦勢，右手可化穿掌，由切托而化出。

反覆轉運轉動的球體，不拘次數，不拘形跡，務須活潑，協調為宜（圖4-9、圖4-10）。

【收功勢】：

將左右兩手停留在圖示的姿勢上，略停片刻，即為收功。

兩手呈扶球狀左右相對，氣機平和狀態（圖4-11）。

獅子滾球

此勢是向前滾動球體的行功。是以肘的動作來調節兩手的相互配合。是以切掌下落而帶動前臂，以內功中降肘的行功來完成的，由於肘的運動，使滾動的球體，在變化中增大。是在球體滾動移轉下，影響身體重心的變換。降肘、切肘、橫肘等肘法，是獅子滾球的惟一特點，左右循環的肘功，訓練了自身的身形轉換、步法、腿法，給後來的行功開啟了變通的基礎。經過反覆的行功鍛鍊，在形象思維以及整

圖 4-11

圖 4-12

體的身心調整中，逐漸形成了一個統一自身的完美調節過程。

獅子滾球之法，是以八卦與中宮的布局演示的。

一足踏入中宮，另一足落在八卦之中一宮，往返練習，這樣自然可以悟得妙趣。要細心體會八卦的諸宮的不同，以及中宮與八宮的轉換過程。收功時，將球穩定下來，身體站直，雙腳踏實，手臂自然還原，以樁功中任何一個姿勢，都可以作為收功的姿勢。氣機穩定，納入丹田則可。

【動作】：

左足踏落在坎二宮，右足尖點在中宮，重心在左腿，蹲身下坐。右手抬起，掌心向下，五指在前，肘與肩平，自然屈肘（圖 4-12）。

左手攔抱於身前小腹處，掌心向裡，五指向右。左右手遙遙相對，如抱球狀。右手與右肘壓住球體，左手做托攔狀。

繼前勢不停。右肘下切，右前臂下行，右手切掌，掌心向裡，指向右側。同時，身形、重心落在左腿，右足在中宮踏實。左腿伸直，自然鬆弛；左手按弧形上抬做切掌狀，掌心向右，五指向上（圖4-13）。

全部動作要協調，周身一動，氣機隨動作轉換，不可滯呆僵化。

圖4-13

重心在右腿上，右足踏實，左足跟提起，足尖落地。

左手由身前切掌豎勢，沿球面向右上方穿掌移動至左額前，掌心向下。

右臂做降肘下切落，掌心向上，指向左側，於小腹前。

左右手依然做抱球狀，手、足、身形同時動作，將球體向前滾動（圖4-14）。

接上勢，將球由右側漸漸移向左側。

圖4-14

左臂橫肘，左掌心向下，如壓球狀，左手位於頦下胸前處。

右手沿球弧面漸上抬（圖4-15）。

兩臂同時動作。

上勢不停。
左臂切降肘下
移，同時右手向
身內提腕，做扶
封切掌，位於胸
前，掌心向左，
指尖向上。由滾
球動作的協調性
使身體前傾，即
球在身前左側
（圖4-16）。

圖4-15　　　　　圖4-16

　繼前動作。
將球體漸向左前
方移動。

　手臂相隨，
身向左稍轉，左
臂向下，以掤勢
抱球，掌心向
裡。

　右手由身前
隨轉身向前推
轉。掌心向前。

圖4-17　　　　　圖4-18

同時重心移至左腿，左腿落踏，右足尖在地。周身動作
協調（圖4-17、圖4-18）。

兩臂繼續滾動球體，左臂沿球體向右裡側展動。右臂由
上至下托滾轉動球體。

圖 4-19

圖 4-20

圖 4-21

圖 4-22

左右手協調動作（圖 4-19、圖 4-20）。

此勢（圖 4-21）為玄機動作。

可繼上勢之移動滾轉球體，按圖 4-21 中實線動作運行
（圖 4-22）。

太極抱球

太極邊球

圖 4-23　　　　　　　　　　　圖 4-24

　　然亦可以沿圖 4-21 中虛線動作將球吊起，而轉換身形，將球移出至身前右側。

　　此勢可靈活運轉，身體重心在滾球時變換。

　　手臂動作反覆運動，以球形出示。

二、太極抱球　太極邊球

以易為象

　　「太極抱球」「太極邊球」是一組對應的運動，便於記憶（圖 4-23、圖 4-24）。

　　太極抱球、太極邊球是混元球功法中的一種表現形式。行功時，球之運動轉化，盡在身體之左右腋肋側。

　　行功時，觀察其中規律，因而能盡知之者，古人喻為抱球、邊球者，是以身形所化之別而為之。在球之運化過程中，以易為象，一經變化，千姿百態俱不出球之動態，是故先人以此為術，傳於後者，「右抱球」者，右手在上扶之，

「左抱球」者，以左手在上扶之。

「邊球者」位於左者，左手在下以托意為之。位於右者，右手在下者是托球之勢。與抱球不同者，托球是在同側，以左右手交換而區別之。

行功之中可以任其運化，或以抱球左右運行，或以邊球左右轉動，亦可邊球抱球相互轉化。

以運化衡之，邊球者，以右側之勢，向左旋轉。邊球在人身形之周側際，行於邊者為邊球，學者可以悟出。如抱球者，以球為中者也，當別之。故此邊抱二球是為出於易，同源異形。分別詳演矣。

太極邊球

預備勢

以自然之勢，站在中宮踏落。右腳位於中宮，左腳輕落置於八卦之隅位。如面東而站，正面為☳震位，左腳落在艮☶位，右腳為中位。重心位於中宮。

兩手相對，如掐握合扣物狀，虎口相對，十指圓撐，拇拇、食指相對，如平環而置，位於胸前，圓徑近於頭（圖4-25）。

【動作】：

此為「太極邊球」主勢。是繼預備勢而起，左右手如抱球狀，將球漸而放開、放大。同時將球移至左側位。

左臂如托狀，左掌內扣，左腋虛含。

圖4-25

圖 4-26　　　　　　　　圖 4-27

　　右手做切掌，置於胸前掌心向左。面向左前方。左右手相應如側托球狀（圖 4-26）。

　　【動作】：

　　將球繼上勢。由左側抬起，左臂橫起，右臂由胸前向右側移。

　　隨球之轉動移向上，同時身形漸右轉。

　　左足尖點地，虛落於地。右足踏實。隨球之移動，漸漸移動，左手置於身前小腹處。掌心向上呈托球狀。

　　右手掌心向下，遙遙與左手相對呈抱球狀。球依然在前方稍右位。重心在中宮處。

　　左右足均平落，身形漸右轉動（圖 4-27）。

太極抱球

　　【動作】：

　　接前勢，身隨球動，均向右移動。

　　左手托球位於右腰際，掌心向上。右手隨身形右轉而與

圖 4-28

圖 4-29

左手相應，呈抱球狀。目光前視，左右兩足均落實，重心在右腿（圖4-28）。此勢為「太極抱球」。

　　為清楚對照前勢，此圖將身位移至中宮而示之。此勢為「右抱球」。

　　【動作】：

　　將球移向左側。是由左右兩手同時運動，轉動球體（圖4-29）。

　　此勢為「左抱球」。

　　【收功動作】：

　　無論是太極抱球還是太極邊球，在行功過程中，任其滾蕩轉動，反覆行功。

　　欲收功，可將球形縮而斂之，雙「太極邊、抱球」收功：雙手呈左右平橫衡準球體，斂於小腹前，自然站立還原（圖4-30）。

圖 4-30

圖 5-1

第四節　橫運太極手

　　橫運太極手是前人遺留下來「醮壇書真」的古老內容，是過去「宗儒隱真」不傳於世的內練功夫，按原來舊的修習較複雜，按其內在的隱意，無非是調節兩臂、兩肘以及手指、掌的陰陽氣脈交流。中國醫學中指出：人的手三陽經分布在手臂的外側，手三陰經分布在手臂的內側，由陰陽循經來調節氣血。三陽氣脈的走向是從手走向頭，三陰的氣脈從頭走向手。「橫運太極手」是活躍手三陰與手三陽的氣脈動作。橫運太極手可以是坐式、站式、行功。

　　身體自然站立，兩腳與肩等寬。兩手上下相對，橫前臂置於胸前，兩手合抱，如扣抱「橄欖球」狀，哪一隻手在上面都可以。現以右手在上為例（圖 5-1）。

　　兩手上下相對浮按數次，細心體會，兩手掌有微熱、微

圖 5-2　　　　　　　　　　圖 5-3

脹的感覺，練功者把這個感覺稱做氣感。然後身體向右移，同時帶動雙手抱球向右水平移動（圖 5-2）。

　　兩手分別由上至下、由內向外做滾動球狀。右臂以弧線向外、向下切，指尖朝前，掌心向左，左手向上旋腕，掌心向左，指尖向上，兩手遙遙相對（圖 5-3）。

　　右手繼續向下切，同時向內做摟抱狀，左手抬起前臂橫於胸前（圖 5-4）。

　　身體帶動雙手向左移，左手以肘為先導，右手以穿掌向左運行（圖 5-5、圖 5-6）。

　　運行到左邊時，滾動球體，使右臂橫於胸前，然後向右運行（圖 5-7、圖 5-8）。

圖 5-4

圖 5-5

圖 5-6

圖 5-7

圖 5-8

圖 5-9

　　如此一左一右，周而復始，反覆動作。

　　收時兩手上下相對，慢慢相合（圖9）。合到一起時，撒手鬆開就行了。

　　在練習橫運太極手時只要兩掌心相對，在中間就有一個

物象，兩手上下擠一擠就有感覺。初學時運動的速度可以慢一些，幅度可以小一些。兩手相互作用，由小的開合動作逐漸展開，漸而轉換為將手中的「橄欖球」像做太極拳的「雲手」那樣展動。兩手在左右循行的長球狀的運動過程中，使兩臂的氣血周流，陰陽氣脈得到相應的調整。行功次數多少不限，根據自己實際情況而定，但以9的倍數為佳。

在金木水火土這五行的關係中，如果把金木這兩種氣合併在一塊就是《修真圖》中說的龍虎大丹。金和木在卦象中就是東與西，在物象則為青龍和白虎。丹經中說：「西方白虎正猖狂，東海蒼龍不可擋，兩者捉來令死鬥，化成一片紫金霜。」

在人體中，肺屬金，肝屬木，把肝、肺兩臟的臟液、臟源之氣收斂在一起，可以產生質的變化。除了「金木交併」之外還有「水火既濟」。人們在睡覺時，心火下降，腎水上騰，水火既濟，就形成一種非常祥和的狀態。五行中的土對應於人的器官為脾與胃，「萬物土中生」，只要人能增進飲食，就能增加體內的元氣，健壯身體。橫運太極手正是調節這五行的關係，使人體內的心火下降，腎水升騰，形成水火既濟，又調節了中宮脾胃。

在運行的過程中，要求以手指尖先走。十指在中醫中稱為十宣，運動十指即可以達到宣和氣血。拇指屬手太陰肺經，肺主平衡，五行為金，在運轉時拇指與其他四指的感覺是不一樣的。上下兩隻手的位置也有一定的要求，上面的手在膻中，下面的手在神闕，以此兩處為基點，上下可以稍有浮動，但不可離得太多。這樣中間空出的就是中宮。手在轉換的過程中，中間有一個球在運轉。手在運行時，十指上就

像有一些線一樣，在轉動時則彎了過來，這些線形成了一種完整的軌跡。

第五節　循經太極拳固本之源
——定元椿

譜云：

定元真形守先天，真如道妙育本元。

中宮海底聚神水，一粒金真寄成乾。

「定元真形」，俗語以「定元椿」相稱。定元椿的潛意，是定固周身之真元之氣，不使外游，是內功、武法、修真、丹道之基礎。

定元椿之用，是以真氣斂而歸根，使之行功日久以現效驗，無使有偏差之虞，無使有氣機陰陽失度之循，其勢以氣力相注之，故此為專修之重點。若習修真演道之途，苟有偏激，亦可以此為衡準矣。守住元氣乃修真首要之本，能收斂元氣，復有漸行昇華之意。

夫定元者，以專則定固周身之元氣，可為修真之必矣，固守真一，元氣振舉，而有內動，真氣萌發，故有循經之妙用。無計習法諸家，均以元氣為根本，所以丹砂一道，立根源，守命蒂，注循太乙，實為養生修命之無疑也。

定元椿

故古人以「修真」二字深諳大道，世人不窺此道，今揭示之，為利眾學，昭內功之隱，詳法後敘。

如圖所示，自然站立，兩足距大於肩寬，兩足尖外展，膝微彎，兩腿切忌僵直；兩手扶按，掌心向下，虎口圓撐，如按球狀。兩手按之球形，應與地心太極相對。目光、呼吸均用自然，無意守。是以特定的姿勢行功，而使氣機循行。

第六節　循經太極拳中的威猛功夫

當年三豐祖師出少林而創武當，為武學的進步、社會文明的倡化貢獻了自己的一生，此亦三豐祖師之願「為天下眾英豪延年頤壽耳」。少林之學乃剛猛神勇為主，最終以剛極而生柔。武當之習初以柔勝，最終以柔極化剛。當年三豐祖師在剛極之基礎上而進入極致階段，慧化成真，悟徹本源，乃臻佳境，乃神遊之境。每見後之學人誤之，大凡武當之宗風學子每每難離誤區，「每見數十年純功而不能運化者」，何也？

學人初習武當宗風，也深知柔化本源，但不能以柔為律，極而化剛。此剛中有柔，柔中見剛，就太極拳泛化而言，則有「柔裡有剛攻不破，剛中無柔不為堅」之譜文傳之，況且宗風很難說是保真不衰，存真不移。對武當宗風每每不能進入與其他拳種對陣之客觀現實，敘說一下宗傳、要理，即介紹一些「海眼」吧！能得真師相傳也是緣分。

為此，筆者將當年師傳之玉環椿全盤托出，介紹給武當同道，一是了解當年武學之真貌，二是操練數日可使武功大增。

圖 6-1　起勢

圖 6-2　魁星戲斗

　　少林玉環椿是少林老祖飛龍脈的武功內密，是相傳保門護道之武密，過去又有不是護法僧人決不輕傳之戒律，其威力可想而知。張三豐祖師將其脈傳演化為混元四手，開後來太極宗脈，以掤捋擠按四正手為混元四手，以採挒肘靠為混元化勢，進（前）退（後）左（顧）右（盼）定（中）五行地位，創十三式，乃文武雙傳之內密，是當年三豐祖師「出少林而創武當」宗傳可考的依據。

　　玉環椿由六個動作組成：魁星戲斗、雙鋒斬、鐵馬彎弓、倒提金槍、金頂沉鋒、鴻爐點雪。

　　起勢（圖 6-1）。

　　魁星戲斗

　　雙手掌心相對，豎掌揚起在左肩側，左手比右手略高；右腿提起，呈金雞獨立狀（圖 6-2）。

　　雙鋒斬

　　接上式。雙手由肩側豎掌向前劈出；右腿隨身形向前邁

圖6-3　雙鋒斬　（正面）　　　圖6-4　雙鋒斬（側面）

出大步（圖6-3）。右腳落地後，右腿在前彎曲，左腿在後伸直，呈弓步站立；雙臂平伸，雙掌成豎掌在前（圖6-4）。

鐵馬彎弓

接上勢。身體重心後移，右臂伸直，左臂彎曲，以肘向後擊去，至右腿伸直、左腿彎曲，身體呈後坐勢（圖6-5）。

圖6-5　鐵馬彎弓

倒提金槍

接上勢。身體重心前移，左腿伸直，右腿彎曲；右手翻掌向上，左臂伸直放於身體左側（圖6-6），至身體呈弓步；右手掌心向上，護於頭頂，左臂伸直放於身體左側，左掌心向外（圖6-7）。

圖6-6　倒提金槍

圖6-7　倒提金槍

圖6-8　金頂沉鋒

圖6-9　金頂沉鋒

金頂沉鋒

接上勢。身體重心後移，並繼續下勢蹲身，取左坐步，重心偏左（圖6-8）；右手不動，左手穿掌至腳腕處，兩足仍平踏（圖6-9）。

圖 6-10　鴻爐點雪

圖 6-11　魁星戲鬥

鴻爐點雪

接上勢。重心前移，身形徐徐升起，目平視，足踏實；以身形帶動左臂，由臂帶手，漸漸站起，左手繼續上抬起，同時，右手從額前向下移動，以身形帶動兩臂，兩手同時動作；重心移向右腿後，身漸站起，兩手分別向身前小腹丹田處移動；重心向右腿移，左腿慢慢向前提起；兩手至小腹丹田處，掌心向上，十指相對，如捧托球狀；重心移於右腿，左腳從後側向右腳內側移動。右足尖移動時，離開地面數寸，不可過高（圖 6-10）。

此勢「鴻爐點雪」緊接下勢「魁星戲斗」。

魁星戲斗

此勢同前，惟左右不同而已（圖 6-11）。

第七節　循經太極拳的循經專習
——九龍環

「九龍環」功法源於道家，傳於武林真宗，是密而不宣之法，元真聖慧之術。先輩師祖古時身居深山古洞，避住長生。為適應這一古樸的條件，創此功法抗寒避暑，給後來煉真全形打下基礎。

「九龍環」功法是由擦搓按摩進行自我鍛鍊的。透過九龍環的練習，可以疏通經絡、宣合氣血、平衡陰陽，從而達到治病強身的效果。此功法雖屬於流丹小術，卻是簡單易行的自我修真內容。它可以佐助內功的運化，也是外功武法的基礎功法。

練此功法一段時間後，達到太乙循經，則可以自身調節氣機流注，亦可以解除在練功過程中出現的真氣外游的流弊。而它在運行的過程中，憑借先天感覺，權衡太乙周經，從而達到修真的目的，為後來的太極按摩打下堅實的基礎。

九龍環傳統功法至簡至易，古樸深奧。老少皆宜，體強體弱者亦都適宜。

坎離交宮

雙手搓熱後合掌，男子先用右手沿左臂內側擦摩而上，女子相反。手臂內側有手太陰肺經、手少陰心經、手厥陰心包經三陰經，其中以手太陰肺經為主。

手摩擦上行至臂、頭手太陰肺經之中府、雲門穴位處，再順肩頭駛向肩外側（圖7-1），沿左臂外側摩擦而下到手背（圖7-2、圖7-3）。

圖 7-1

圖 7-2

圖 7-3

圖 7-4

　　手臂外側有手少陽三焦經，手太陽小腸經，手陽明大腸
經三陽經。按照中醫經絡圖，手三陰經的走向是從頭到手
指，手三陽經的走向是從手指到頭。所以九龍環按摩時，手
摩擦手臂內側是逆手三陰而上，手摩擦手臂外側是逆三陽經
而下。

　　摩擦手臂外側至手背後，兩手中指尖相對，然後指尖相
接，兩掌分開一陰一陽（圖 7-4），用左手沿右手臂內側摩

圖7-5

圖7-6

圖7-7

圖7-8

擦而上至肩頭（圖7-5、圖7-6），順著肩頭外側逆手三陽
經擦至右手背。然後中指尖相對，重複上一個動作。重複
三、六、九次或不計次。

乾元周宮

　　右手摩擦左手臂，逆手三陰行至肩雲門穴（圖7-7），
至胸右手按順時針在胸前劃環（圖7-8、圖7-9、圖7-
10），劃環數次後，右手從左腋下順左臂外側逆手三陽經而

圖 7-9

圖 7-10

圖 7-11

圖 7-12

下至手（圖 7-11、圖 7-12、圖 7-13、圖 7-14）。然後左手
撫右手三陰經逆行而上，至胸做逆時針在胸前劃環。一左一
右為一次，重複數次。

圖 7-13

圖 7-14

第八節　循經太極拳的基礎訓練
——飛鳴圖

太虛原象（鶴棲）

鶴棲為飛鳴圖中首勢（靜勢），內景為太虛原象，行功之始，以後天方法手段還原於先天的形骸之質。太虛成象而太素結形，陰陽交於未然，太極陰陽未分之際，剛柔顯化無現之時，此刻為玄機道定變化之樞紐，包括兩極內載地自然孕育。古人認為，道之生成，剖析遠古於自然界陰陽未判之鴻濛境地，即有道，故曰大道無形，陰陽抱一而為混元階段，混元抱一的生態靈性，陰陽顯化之玄機動態，長含大道，求道為此。言大藥來時莫遲疑。兵書又言，疑則慢，遲則變。故機不可失，失而不來。

陰陽互轉的振動，啟動真氣，則太乙循經生現，為真元

太乙之氣化。如此行功，體內元陽振動而清舉上行，運化人類自身先天真如智慧得到開啟，即為通靈功法。

綜而敘之，此術為道家功中的有機成分。合抱雙臂屈足弓身，使人之二儀四象的四肢百骸，還原為卵生胞位未剖的真形原象。一足立地，合抱虛空，內含元機，內守丹源真脈，抻開督道，聚火載金，三關通達，方開九竅之竅。此為道家行功內景。法常習之，結丹砂於乾坤之鼎，安爐坤位華桑之宅。水火交攻，龍虎奔躍，產嬰兒於乾頂。諸陽拱扶，明珠絲繫，一顆玄珠出頂乃至萬道虹霞動紫微。天門開透，真元之集，旭日懸頂，喻心佛語謂慧日高懸也。此為白鶴真人原輪真像也。

又，此之謂靜中內景真境，合於動靜兩極，而生無礙之法。應在動靜兩種行功中得到印證，方為初悟初得。精極乃化，動靜雖為二儀之形，然易歸一元之極，還原先天，無動無靜乃為混沌，為先天之基、求仙之道，初剖玄珠，元命自鑒。

摩天真境

虛彌展翅、羽意摩天、碧靄穿雲

摩天真境，包括虛彌展翅、羽意摩天、碧靄穿雲三式，為飛鳴圖中動勢的基礎。行功中外形的運動直接引起身體內氣機的循注，是為內外如一的修持法。兩手背相對，陽對陽有排斥之勢。而以外形相合，置於小腹丹田，振動真氣使之發動。內外互為，由丹源上提之際，即引動真氣沿任脈上行（或真脈中脈），提手抬平雙肘，會在膻中，復以膻中為中宮，運氣循兩臂而達勞宮，左右手橫開同時推出展動。氣機

也隨之動。雙手回縮屈肘縮臂之時，將氣機提回，此為虛彌掌法的基本練法。

展翅面向艮巽兩地，兩掌取以奇為正之勢局，調四隅之陣象（正展翅，掌取子午流線運內功法），虛者為無象而言，彌者敷蓋所定。虛彌掌法乃道家武功中調動氣機的專修功課。

開掌外推時，隨功力而準，應有氣機外注，回收手臂掌心內斂時亦有氣機隨之而斂入體內。古人稱此行功為擒龍縱鶴之法。功法深化時，自有升降飛騰之感，如羽化高巔，暢遊大千寰宇，引起自身與宇宙的振動，此際即金波注機，瑞靄遍體。此勢孕育氣化真元滿含，勃然而動，故為飛鳴圖中之二式，由棲至展翅，自然而生。展翅高翔，碧靄霞光，穿雲透霧，羽化騰翔。到此境地，非內功之動，不能盡言其妙，即由於功法深化時，行功振動大千寰宇，自身之丹野流珠，以九宮為度，循八卦相蕩之妙，以萬物變化附身，以天地陰陽而為道，剛柔進退，上下變化……而揮羽自可知，洞真明道，久有登仙之域矣。

龍虎眞形

龍虎真形佐以專修密法，出神入化，踏落九宮，共振齊局，三盤互轉，身心並泰，合於太乙真髓。循丹野越周天出以性命，踏入九宮六十四局變化。天、地、人三才立極演化萬象，一氣沖霄超俗習而舉大千，武林絕技，探淵金鋒，憶祖授藝於東海，波湧千層。龍虎玄宮，振然石壁，以觀金道。武法化盡，丹徑自顯。然賢俠劍道紛於海內，創藝遺痕照見大千。是故霞虹舞金叨，靈臺執玉硅，大道顯真妙密示

之，揭而直入，奈何八門轉化壺中，丹粒懸鼎合出諸藝，眾法已備，內外修真，內以丹法齊於乾坤坎離，外用金劍共執劈刺抹撩，然法以備，大道弘然，浩淼三千，實大道之有功。錯轉九局八盤演於先天後天。發武林之隱奧，揭丹道之秘旨，大道暢華巔。

龍虎真形是以內功啟於武法，合於三元連中，授以八門掌法，共於內功十三式演於勾、彈、驚、截、掤、滾、翻、攔，合於九轉玄化。龍以搖脊而騰躍步入九宮之局，虎以抱胯而奔野踏進五行之地。各展奇雄，復注金甲以震天臺，舉霞凌空俯至極巔也。

大道演龜蛇，金鋒伏龍虎，古之道也。玄武帝於聖境舉劍剖腹書成大道。始煉飛劍振舉三界大千，龍虎真形吟嘯電閃雷鳴，此揭示內景修真之妙，演道之真舉至盡矣，闖三關連封海底，出天門舉羽穹極，龍為神而意為虎，血為虎而氣為龍，直揭丹砂之數，先祖以示後學。

飛鳴圖動作及要領

一、太虛原象（鶴棲）

由入境、原真、左顧右盼、伸足平氣、降氣、沉按、斂羽等動作組成。

入境：面向東方，平身站立，雙手自然下垂，足距與肩等寬。平心靜氣，以舒適自然為度（室內練習可不拘方向）。消除雜念，專心致志進入練功的境界中（圖8-1）。

原真：重心向右移動，右腿站立，左腿抬起，由大腿帶動小腿，提膝，足尖下垂。同時兩臂彎曲向胸前合抱，垂

圖 8-1　太虛原象‧入境

圖 8-2　原眞

圖 8-3

圖 8-4

圖 8-5

肘吊腕（腕高與肩窩雲門穴齊，參見圖 8-7）。兩臂扣抱如
球狀，然後向前拱身如弓狀，低頭脊椎前屈（配合前後動作
進行，務要連貫協調）呈卵形。當知鶴性屈靜，棲足而息
（圖 8-2、圖 8-3、圖 8-4、圖 8-5）。

圖 8-6　右盼　　　　圖 8-7　左顧　　　　圖 8-8　伸足

　　左顧右盼：接上勢，將頭緩慢抬
起，目微前視，重用神光（意念與眼合
一）。隨著頭向右、向左慢慢轉動，遙
視遠方（由近到遠）。隨著功力而逐漸
放遠（此為目送飛鴻的視力專修法）。
同時兩肘微抬，上身略直（圖 8-6、圖
8-7）。

　　伸足平氣：重心左移，左腿緩緩
下伸，腳尖微向外伸，逐漸落地（圖
8-8）。同時兩掌伸開，兩肘抬平，中
指相對，掌心向下。兩腿站穩，呼吸自

圖 8-9　平氣

然（圖 8-9）為平氣勢。復吸氣，胸腔擴張，將氣提至膻
中。

　　降氣：兩手逐漸向下沉按，降氣歸入丹田，隨著將氣
呼出，將手掌勞宮穴打開，內氣沖勞宮而出，直射至地面

圖 8-10　降氣　　　　圖 8-11　沉按　　　　圖 8-12　斂羽

（根據每人功力大小所施，不可勉強）
（圖 8-10）。

圖 8-13
虛彌展翅・交羽

　　沉按：接上勢。呼吸均勻，兩手
掌向兩側外轉展，指尖向前，掌心向下
（圖 8-11），氣機沉按於地。

　　斂羽：復將指掌向下伸直，兩臂
的內氣潛行隨著手掌的變化來感受氣機
隨之的變化，為斂羽狀（圖 8-12）。

二、虛彌展翅

　　由交羽、提氣、現爪、外展、開
屏、縮羽、開屏、縮羽、平氣、降氣、
壯元、沉按、斂羽等動作組成。

　　交羽：由斂羽式始起，兩手向身前移動，手背相對，
指梢相搭，置於小腹丹田處（圖 8-13）。

圖 8-14　提氣

圖 8-15　現爪

提氣：繼上勢。順任脈上提至膻中，兩手仍相搭，肘抬與肩平（圖 8-14）。

現爪：接上勢。轉腕，將指、掌從下至上向外翻轉為現爪式。由小指先行，隨氣機交注，即無名指、中指、食指、拇指，五指輪放轉動而行，腕指同動，務要內調（圖 8-15）。

圖 8-16　外展

外展：上勢不停。翻轉掌指 180°，外分至兩肩外側，掌心向外，指尖向上（圖 8-16）為（雙雲佩劍勢）外展勢。

開屏：平推雙掌，向外側移動，意在勞宮，推開雙掌，兩臂伸至極限（圖 8-17）。

圖 8-17　開屏

圖 8-18　縮羽

圖 8-19　開屏

圖 8-20　縮羽

　　縮羽：兩臂放鬆內收回縮肘屈 60°止（圖 8-18）。

　　開屏、縮羽：（圖 8-19、圖 8-20）經返數次。

　　平氣：將雙手由兩肩外側抬肘轉手，向胸前膻中位置
平行移動，指尖相對，掌心向下（圖 8-21）。

圖 8-21　平氣

圖 8-22　降氣壯元

圖 8-23　沉按

圖 8-24　斂羽

　　降氣、壯元：兩手逐漸下按，氣歸降入丹田（圖 8-22），轉掌指，小指先行，五指輪放至指尖向前止，兩掌平按，掌心向下（圖 8-23）。呼吸均勻，然後掌指向下伸直成斂羽狀。

圖 8-25 摩天眞境(一)・入境

圖 8-26 交羽

沉按、斂羽：詳見前注
（圖 8-23、圖 8-24）。

三、摩天眞境（一）

由入境、交羽、提氣、外
展、現爪、開屏、縮羽、開屏、
縮羽、平氣、降氣、沉按、斂羽
等動作組成。

入境：平行站立，舒適爲
度（圖 8-25），詳參前注。

圖 8-27 提氣

交羽：兩手向身前移動，
手背相對，指梢相搭置於小腹前。同時身向右轉 45°，重心
移於右腿且伸直。左腳足尖點地，爲交羽式（圖 8-26）。

提氣：接上勢，將手沿任脈上提至膻中處（圖 8-
27）。兩手由丹田沿任脈（或先天眞脈）上升。兩手相搭，

圖 8-28　外展、現爪

圖 8-29　開展

肘與肩抬平。

　　外展、現爪：接上勢。向前翻轉腕180°，將手由身前分至兩肩外側，掌心向外，指尖向上（圖8-28）。五指輪放，小指先行（前注：現爪）。

　　開屏：雙掌平推向外側移動，意念在勞宮、左湧泉，兩腿伸直，兩臂伸開至極限（圖8-29）。

圖 8-30　縮羽

　　縮羽：兩臂內收，回縮放鬆。同時左腿放鬆微屈（圖8-30），足尖點地。

　　開屏、縮羽：復而雙手推出，左腿伸直，往返做三次（圖8-31、圖8-32）。

　　平氣：繼將雙手由肩外側起，抬肘轉手移向膻中，指

圖 8-31　開屏

圖 8-32　縮羽

圖 8-33　平氣

圖 8-34　降氣

圖 8-35　沉按

尖相對，掌心向下，同時身體向左轉 45°，左腿足跟落下，恢復原位（圖 8-33）。

　　降氣：兩手逐漸下按，氣降歸入丹田（圖 8-34）。

　　沉按：轉掌指至指尖向前（圖 8-35）。

圖 8-36　斂羽　　　　　圖 8-37　摩天眞境(二)‧入境

斂羽：呼吸平均，將手指掌向下伸直成斂羽狀（圖 8-36）。

四、摩天眞境（四極開儀）（二）

由入境、交羽、提氣、現爪、外展、開屏、縮羽（開屏、縮羽）、交注、吸丹、升膻、平氣、降氣、沉按、斂羽等動作組成。

入境：略（見圖 8-37）。

交羽：先將右足跟提起，以足掌為軸，向內轉 45°，身體向左轉 45°，兩手背相搭置於丹田成交羽狀（圖 8-38）。

提氣：繼將雙手沿任脈上提，同時抬右足跟，呈右腿彎曲腳尖點地，重心移到左腿上（圖 8-39）。

現爪、外展：當雙手上提至膻中時，兩腿同時伸直成升膻提氣狀（圖 8-40），復將兩手五指輪放外展（圖 8-41、圖 8-42）。

圖8-38　交羽　　　　圖8-39　提氣　　　　圖8-40

圖8-41　現爪　　　　圖8-42　外展　　　　圖8-43　開展

　　開屏：接上勢。兩手推出，伸開兩臂至極限，雙腿均伸直，意在勞宮、湧泉等穴，成四極開儀開屏狀（圖8-43）。

　　縮羽：接上勢。兩臂放鬆屈肘60°，兩手內收，同時右

圖 8-44　縮羽

圖 8-45　開屏

腿彎曲，動作協調，上下連貫（圖 8-44）。

開屏：復而推開雙掌，將腿伸直（圖 8-45）。

縮羽、開屏：往返三次。略。

交注：肢體放鬆，雙臂自然下落，向體前屈臂合抱，掌心遙遙相對，右腿協調彎曲（圖 8-46），兩掌心的氣機相互交注。

圖 8-46　交注

吸丹：隨著兩手合抱，身體漸向右轉 45°，轉至原位時，雙手合收，如托球狀。內氣吸入丹田，小腹內收，成吸丹狀，即為真元內斂（圖 8-47）。

升膻：繼上勢。掌心向上，中指相對，上抬，隨內氣上行至膻中止（圖 8-48）。

圖 8-47　吸丹

圖 8-48　升膻

圖 8-49　平氣

圖 8-50　降氣

圖 8-51　沉按

圖 8-52　斂羽

平氣：繼上勢。以中指至肘為軸線轉掌心向下，平氣調息，以待氣機平和（圖 8-49）。

降氣：隨呼吸將雙手下沉為降氣壯元勢（圖 8-50）。

沉按、斂羽：詳同前。略（圖 8-51、圖 8-52）。

圖 8-53　碧靄穿　　　　圖 8-54　斂羽　　　　圖 8-55　內轉
雲・入鏡

五、碧靄穿雲（展翅前奔）

由入境、斂羽、內轉、交羽、分洪、逐波、展翅前奔、納甲、注華、撞雲、開屏、平氣、降氣、沉按、斂羽等動作組成。

入境、斂羽：詳同前。略（圖 8-53、圖 8-54）。

內轉：由斂羽始，身體重心右移，將左足跟抬起，同時轉體 45°，肘略抬同時彎曲，轉腕時手背相對（圖 8-55），氣沉丹田，由丹田內轉。

交羽：左腿重心前移，手指相搭（圖 8-56）。

分洪：身體略前傾，雙手上提至膻中位置，同時屈膝，將左足抬起（圖 8-57）。上勢不停，雙手由內向外側分開畫弧至肩頭（圖 8-58）為分洪斂羽式。

逐波：同時繼續提膝並屈身前俯呈逐波勢，神光外注，兩掌外展，五指輪放，指尖向上（圖 8-59）。

圖 8-56　交羽

圖 8-57　分洪

圖 8-58　分洪

圖 8-59　逐波

圖 8-60　前奔

　　展翅前奔：雙手向外側展推（圖 8-60），雙臂伸開，
左腿伸直，足心向後，呈展翅前奔狀（圖 8-61）。

　　納甲：雙手由兩側漸呈平肘，收前臂，十指微屈，放
鬆如掐拿狀，兩掌欲扣合移至胸前，同時左腿屈膝漸收，將

圖 8-61　展翅前奔　　　　　　圖 8-62　納甲

圖 8-63　納甲　　　　圖 8-64　注華　　　　圖 8-65　撞雲

內氣從四肢末梢收回膻中，呈納甲狀（圖 8-62、圖 8-63）。

　　注華：身體漸左轉 45°，左足由足尖到足跟，依次落地，雙手合扣於胸前膻中處，掌心相對呈抱球狀（圖 8-

圖 8-66　開屏

圖 8-67　平氣

64），兩掌之氣機相互交注為注
華。

　　撞雲：接上勢。復將雙掌結
合內氣向前平按推去，發撞雲掌
勢，速度可快可慢，隨內氣發動而
行（圖 8-65）。

　　開屏：接上勢。兩手向兩側
橫撐發力推出，稍有停頓（圖 8-
66）。

　　平氣：接上勢。兩手臂側平
舉，轉腕掌心向下，以肘為軸，移

圖 8-68　降氣

前臂內收到胸前，掌心向下，中指相對，食指、中指、無名
指、小指四指伸平，拇指向下，微向內扣（圖 8-67）。

　　降氣、沉按、斂羽：略（圖 8-68、圖 8-69、圖 8-
70）。

圖 8-69　沉按　　　　圖 8-70　斂羽　　　　圖 8-71　虎鶴眞形

六、龍虎眞形（行功、虎鶴）

由通背分身、展翅、伏波、展翅、伏波、交注、伏波等動作組成。

通背分身：繼上勢（圖 8-71）。雙臂側平舉起，掌心向下（圖 8-72），重心前移，兩腿行功均為虎步。

展翅凌空：兩臂吊腕高起，提起右腳（圖 8-73）。

伏波騰翔：右腳足尖點地，雙手切腕下落（圖 8-74）。

圖 8-72　通背、太乙分身

圖 8-73　展翅凌空

圖 8-74　伏波騰翔

圖 8-75　展翔凌空

圖 8-76　伏波騰翔

展翅凌空：復抬雙手臂吊腕而起，同時提膝進步，左腿站立（圖 8-75）。

伏波騰翔：繼上勢。兩臂下落（切腕而下），同時右腿落地（圖 8-76），左腿彎而右腿直為虎步，重心在後。

圖 8-77　交注　　　　　　　圖 8-78　伏波

交注：手掌繼續下行，復提左足進步（圖 8-77），兩掌氣機注出。

伏波：雙手由兩側向體前平移至大拇指相對，手扶虛空，落左足右腿屈，左腿直為虎步（圖 8-78）。

七、龍虎眞形（龍形鶴）

由入境、上騰展翅、下伏抖翅、龍行擊翅、凌空展翅、龍形擊翅（化機勢）、龍形下伏抖翅、凌空展翅、平氣、降氣等動作組成。

入境：凝神定氣。略（圖 8-79）。

上騰展翅：雙手上抬，掤勁而起，同時抬左腿提膝，身體略向右傾斜呈上騰展翅勢（圖 8-80）。

下伏抖翅：右足隨雙展翅起來的手臂下翔而落步為下伏勢（圖 8-81）。

龍行擊翅：接上勢。勁路不停，將左足跟向右轉動，

圖 8-79 龍行鶴・入境

圖 8-80 上騰展翅

圖 8-81 下伏抖翅

圖 8-82 龍行擊翅

重心移於直立的左腿上，右腿略彎曲，足跟提起，身體左轉，雙臂內合勢，左手上抬於頭頂，掌心向上，右臂橫肘於胸前，右手在左腋下，掌心向內（圖 8-82）呈盤龍陰陽擊翅狀。

圖 8-83　凌空展翅　　　　　圖 8-84　龍行擊翅・化機 勢

凌空振翅：左手翻掌滾切劃下，右手橫摔向前擊出，雙臂向上翔展翅而起，右腿提膝吊足上翔展翅式（圖 8-83）。

龍形擊翅：接上伏身抖翅，落右腿成內樁截腳，左手向右擊去，置於右肋腋下，右手立肘滾轉上抬於頭做降肘，呈龍形擊翅（圖 8-84），武技變化可以將右腳橫出為蹬腳，為斜身掛印勢，左手切掌，右手護頭隨扣而化（圖 8-85）。此稱化機勢，可因敵而變。

龍形下伏抖翅：由龍形陰陽擊翅落右腳，雙腿彎曲，雙手下翔而化為下伏抖翅勢（圖 8-86），藏交注勢發掤擠力合於武技。

凌空展翅：繼上勢，雙展兩臂，左足提起（圖 8-87）。

平氣：雙手向胸前移動，掌心向下，手指相對，左腳

圖 8-85　斜身掛印

圖 8-86　龍行下伏抖翅

圖 8-87　凌空展翅

圖 8-88　平氣

輕落呈平氣狀（圖 8-88、圖 8-89）。

　　降氣：同前。略（圖 8-90）。

圖 8-89

圖 8-90　降氣

第 5 章

循經太極拳的內在
精神世界

第一節　太極拳生命中的玄奧

　　陰陽易理、內脈循經、武技操演之綜合構成了太極拳的生命。回顧歷史，是特定的歷史時期形成客觀上的條件，推動了太極拳生命的成熟，並決定了其存在的個性，這就是太極拳的生命。太極拳生命中的玄奧，可以分為陰陽易理、內脈循經、武技操演三個有機體，是這三個生命因子組成了太極拳生命。

　　從秦漢時代的神仙學說過渡到魏晉五代陰陽五行學說，逐漸構成生命，真是「上自經傳，下至陰陽醫卜之書，凡言涉五行者，莫不網羅輯焉。」（隋・蕭吉《五行大義》）魏晉南北朝時期，儒、釋、道三教共興，「玄」學得到弘昌，陰陽、五行、八卦等學說形成了較完整的陰陽八卦體系，也使天人學說得到進一步的成熟。後來陳搏著有《無極圖》（刻於華山石壁）和《先天圖》，其學說經周敦頤、邵康節加以推演，成為宋代太極、八卦說之先導。同時，不僅為中醫傳統針法之子午流注、靈龜、飛騰八法有生命般的育化，

也為武學中的陰陽、五行、八卦學派操持了理論領域的生命構成。

由此可見，陰陽、五行、八卦學說在某種意義上說是推動了傳統領域學識的發展，為其理論生命確定了指導意義的方向。在這個時期，最先成長起來的是神仙學說，這個在探索人生與自然的運動之中成熟的丹道生命。正是在這樣的歷史條件下，魏伯陽寫下了光耀古今、震動中外科技領域的煉丹學說《周易參同契》。

《周易參同契》的理論，促進了醫學的成長，推動形成了學術流派：納甲匹配、八脈流通、脈會八穴、藏象表裡等特有的生命。丹經武學中的開通八脈，呂純陽之金丹飛劍，奠定了武當天龍神劍的前期基礎。王重陽的《金丹四百字》詳敘了內丹的修習內容。同時，書法界的權威人物也說「秉陰陽而動靜，體萬物以成形」（虞世南《筆髓論》），「心正則筆正」（柳誠懸）。可見，陰陽易理統領著中國傳統學識領域，推動著諸種學識的前進，構成了中國傳統文化中「天人合一」觀的繁複系統，歷延後世，逐漸繁榮。

醫學的治病救人之誠樸觀點，使醫宗仁賢精微地剖探人身自我，從天時、自然、感情、條件，逐理詳說，結合天人學說，繁衍了陰陽、五行、八卦學說的複雜內容。

《周易》的八卦河圖洛書，與《內經》的《九宮八風篇》之主要內容，結合十二正經與奇經八脈的氣血交匯規律，取奇正相通的八脈八穴，配合子午運算干支配伍，逐日按時取穴之方法，掌握人體與自然的陰陽消長，溝通人身臟腑與肢體的關係，演繹剖判出了中國醫學之傳統療法，提示了傳統生物節律與生物鐘的秘密，為今天的生物物理學科學

生命奠定了基礎，在醫學的基礎領域裡認真詳細地記錄出客觀真實的內容。

由此可見，歷史上的丹經學識領域的權威著作，影響了傳統醫學的成長。就《參同契》而言，書中首次提出「納甲」一詞，倡導根據月體納甲圖來指導治療養生。它所講的陰陽交媾、夫妻配合與五行的關係對於後來的子午流注發展有著重要的指導意義。子午流注、靈龜、飛騰八法就是在這種情況下不斷發展、孕育成長的。太極拳作為內家武學，其內脈循經的生命基因，是在丹脈武學的血源中剖產的生命。丹家武學很顯然是在內感循經的規律下來完成武學操持的。泛化於世，乃普傳武學，以求養健身心，期頤壽考。昇華宗傳以持嫡脈，內窺丹華，陰陽交注乃修作大道。武當的天龍神劍，是以天垂之象的文字結構作為劍法脈絡，內合人身氣血盈虧之象，外與自然界中之天罡神氣相化合，內外聚真，開創武林劍秀。又因丹家後來的元神潛修昇華了劍學，這是後來武林中享有盛名的內在因素。

客觀地講，是內在循經的陰陽流注形成了太極拳的生命，處於經絡循注內經所載之精準時代，因此舉手投足之轉展，乃至掤、捋、擠、按、採、挒、肘、靠（八卦），進、退、顧、盼、定（五行）都標誌著內外纏經之陰陽衡準。

丹家修為以水火相推、坎離交媾、運化氣血以周榮身心，其法則與醫家的心腎相交、水火相調、周榮十二經、十五絡、沖流奇經八脈、通徹周身之規律相對照，兩者同筏人身之經緯，同審人身之陰陽。丹家修脈以自修來完善自我，醫家調脈以活人之術來拯治眾生。

丹家自視人身陰陽，在操修中警化人生，醫家以醫術普

濟社會。本來兩者不分，是時人不悟其中真諦，丹家以丹醫而濟真救苦，醫家以天真之道理，悟真省化，循自然之道，以道成醫。

武學則是夾在丹家與醫家之間的混血生命，武學既以術演道，又以道明醫，故其具備兩者的共同性。

在丹家與醫家之學識生命茁壯健全的形勢下，太極拳的體態個性既保留著丹家武學的柔化養氣、陰陽互生的特點，來延化丹法，以期丹家外功有個良好的基礎，來推動丹法的弘真。同時，由外功的陰陽合脈、心腎相感，反映體內之氣血盈虧之質，進而使人身脈律定息有個精準的循環，以期頤壽，以武行俠持之仁風，以武修身經準自我，有個美好的探索，在歲月中久駐春風。

反觀之，醫家在此基礎上形成了以「易」為指南的醫易，丹家則早在「內景」中體察脈絡之循，已經形成了丹醫。「《丹經》祖述黃帝，原與《內經》相表裡。」（《張錫純·醫學衷中參西錄》）以此而論，從史學的觀點上來分析，「《參同契》是源，飛騰八法是流」，「飛騰八法是在《參同契》的醫學基礎上發展起來的」（麻福昌，《中醫雜誌》1987年第2期69頁）。

武當天龍神劍之別傳內脈太乙神持震動九宮，錯倒陰陽、飛騰龍虎、子午交宮連環劍法、宗隱神劍，簡作太乙神劍，九宮八卦劍，龍虎子午劍等名。世傳泛說不知其宗，俗解為武當劍。以易為劍，以象為陣，取崆峒之質，爍火為器。此劍之大要已隨八卦參同，構成乾坤、坎離、巽震、艮兌八卦陣說，開闢著「八節律」之變化先河。

「戴九履一，左三右七，二四為肩，六八為足，五居中

央，縱橫十五，故曰太一」。取其數以行九宮，則以八卦配八方，又增加一中央，便成九宮。武當神劍一脈之劍陣是以此配伍，故有九宮之名說。醫家也說「這種『九宮圖』後來成為歷代歷家占卜制曆最常運用的『公式』，這種影響擴散到包括醫學在內的各個領域。

至現代有人認為早期醫學的自然觀與這些歷家言的觀點有密切關係（即包括河圖洛書等內容，見《靈樞》成書年代・魏堯西・《中華醫史雜誌》1983・13 卷第 2 期 88 頁～90頁）這種觀點無疑是有道理的」（《子午流注・靈龜飛騰八法大全》中國醫藥科技出版社）。

丹家之《參同契》與《修真圖》都涉列著臻詳的系統的陰陽為象之「易說」。如此看來，太極拳中的八卦所擬，並不是如世人所說，「掤捋擠按，採挒肘靠為八卦」那麼簡單，那麼單純。宗風脈流之太極拳，應該是著重內煉，體會循經，感受真實，從而悟出武學與人身之密切，乃至徹悟醫武同源，深入對太極拳操修之體驗。

太極拳專習內操中，首推其內外纏經之循，這是太極拳的靈魂生命。倘若捨掉內煉的循經，似乎看不到太極拳法的內操。這一點是太極宗脈的精神所在之處，沒有內操就不能稱之為內家功夫。從這個水準上看太極拳的生命是否歸屬內家內煉之列，怕是時人多為失察的方面，而內操的精神不正是體現在纏循的行經麼？

循經出現的纏行恰是內氣的潛行周經，內外的循纏法則是表裡陰陽的脈絡行經。捨掉行經，或是沒有行經，又怎麼稱之為內家內煉呢？內家的含意已經清楚交待出內煉的內容。更需著重指出的是，行經潛氣是天人合一體現在太極內

脈在人身中的生理反應，是一種生物物理現象。

　　循經流注這種大流注的現象，是客觀上存在的規律。人們不能因少見寡聞而對此產生異駭。

　　下面節錄《子午流注‧靈龜飛騰八法大全》中的幾句話，來作一個證實：「它表示人體氣血循行的日夜節律正好對應天球經線上下運動的大周期，即太陽的周日運動節律，而周日太陽視運動軌道便是黃道圈，這個黃道圈是大氣即三陰三陽產生的基礎，三陰三陽再分之為十二部分，在地恰好對應為十二時辰，在人則為足三陰三陽，故人體經絡各以手足三陰三陽命名。這就是太極運動與六氣的關係，從而演化成陰陽、地支、經絡的天地人相應關係。」「天地各有五運六氣，人應之亦有五臟六腑。天有經緯，人亦有經絡。古人以三陰三陽來說明天元之氣的虛實變化，結合人體則六經作用於六氣之化，六氣又本於臟腑功能。二者的關係是經脈為標，臟腑為本」。

　　太極拳的修練「由著熟漸悟懂勁，由懂勁而階及神明」之過程即是內脈循經的過程。從著熟到懂勁則是在操拳過程中體現「以心行氣，務令順遂」的原則，給太極拳的修練劃出了指南，順遂之處，則是經脈通暢，或是利於經脈通暢的動作慣性。漸而懂勁，則為繼續從有利經脈通暢的動作上努力，漸而導致習慣，這種習慣的勢力，客觀上迎合了循經的需要。這一點是太極拳健身的關鍵所在處。它的順遂懂勁原則正是以武演道的初使，然神明之處是以武證道的開始。

　　分析太極拳的循經，可能得出兩個結論，或者是長年累月的努力，由著熟漸悟懂勁從而階及神明的悟道階段，或是太極拳的開創形成其生命的條件，就在於注重循經，而使學

人從中追求修真，繼之作出努力。前者是以武而入道的路子，後者是開創了以武引人入道的路子。這兩者的統一原則都是以行經循脈來達到太極拳生命的努力的目的。

前文中有敘言，周潛川先生說近來某些太極拳家的路數「動作繁複，陰陽氣脈糾纏不清」，大泛「面如塗硃，有似醉酒」，察其脈絡「三陰氣脈每每過遲，三陽氣脈時常領先」。

這表示某些太極拳家沒有領會「順遂」之意，不知有循經內脈的操修專為，一是毀了自己，二是誤傳了後學。因此，費了諸多文字，旨在敘說太極拳宗保留著古老的傳真。陰陽易理是太極拳宗脈的指導理論，內脈循經是太極拳宗脈的實踐體驗，技擊操演是文明的脈傳中尚保留的風采。這樣分析會讓學人有個明白的機會，從而使太極拳宗得到弘昌。

談到太極拳之循經說，使人想到醫學，那麼，醫之先哲又是如何說的呢？張介賓說：「經脈者，臟腑之枝葉，臟腑者，經脈之根本。」《內經》說經絡是「內屬於臟腑，外絡於肢節」「三陽經乃六腑之氣所發，三陰經乃五臟之氣所發。臟腑之氣旺，經氣乃盛」。清代醫家唐容川說：「天有六氣，人秉之而有六經，六經出於臟腑，臟腑各有一經脈，游行出入，以布其化。」

按照天人合一觀，自然界中有風、寒、暑、濕、燥、火（六因），人情志方面有喜、怒、憂、思、悲、恐、驚（七情），作為內外之因都影響著人身的健康。人在大自然的影響之下，臟腑、經絡在生理、病理上都存在著相應的關係。也就是說，正值某一經的氣血來潮時，相關的臟腑則必有反應。氣血旺盛的對應時辰，則有相應臟腑，醫家可據時辰取

相應臟腑經脈之對應穴脈來調節人身。

太極操修是以手足相因的內脈來乘陰陽盈虧現象，以招術來完成內脈之循經，也可以說是手足相因的動作協調著內脈的循經。直觀之，太極內煉的循經，是由動作來完成的，而動作的遲速、轉換、輕重，都直接影響循經的陰陽平衡，難怪「經」云：「一舉動俱要輕靈，尤須貫串……」

再從循經的意義中引申，看太極拳達到循經的精準之後還需做哪些努力。本書前面內容交待了陰陽易理、內脈循經的內容，餘下的就是武技操演的內容了。武技操演階段是人們熱衷的內容，然而必須在循經內脈的修為上來印證功夫，用陰陽易理來指導行經及闡化武學，久之方顯「其技彌精」。到了這個階段，一方面是武法之探求，另一方面則是靜定功夫之精進。武法的探求是以氣血行經為依準，而導致闡化武學之分筋、挫骨、點穴、閉戶、飛經走氣，或切截四肢所用之筋骨折傷法，或是以閉截法使氣閉經穴，導致臟腑傷損而使殘夭。

靜定功夫是以元氣飽滿，引陽上升，轉入脈沖九華，飛晶入腦，使腦細胞得到真氣之溫養，增強記憶，或是慧日高懸，長生久視，丹砂白羽，通達修真之途，功行九轉，以力真乾之精修。

天人合一原則溝通著三才法象，在天者為陽，在地者為陰，在人者陰陽各居其半。「人身之有腹背，猶天地之有子午，任督之有前後，猶二陸之分陰陽」（張介賓《類經》）。在天者應於通過天體南北極及通過夏至點（午時）冬至點（子時）之子午線形成的子午圈，在地則是通過英國格林尼治天文臺之子午線。

第二節 太極拳與易

太極拳以太極為名,是拳法理義中與「易」相合,感而遂通,故名之以太極。又,太極者,陰陽也,拳經有「太極者,無極而生,動靜之機陰陽之母也」之句,明示太極為拳之理意深焉。又云,太一為道。太乙者,道,陰陽顯化。悠古太虛,由茲而生,太素有形,太虛為象。元始開天,道化陰陽,是由一而演生萬類也。

易之為象者河圖,易之為文者《周易》。上聖觀天地而識造化,云天下萬類概由一氣所以生化。聖人作卦,制度紀天,運數追蹤,以明陰陽之變。古仁者言,立象以盡意,以統萬化之情。寓天地造化之機於易象卦爻中,乃自然之道生。窮其道、象、理數,其四者通天地氣運之盈虛消長,一為始,而窮而終。

故之言易者,探易之微,從一而化,得三為乘,往來為用。太極寓理,卦象參真,以爻通幽,以象知真,此為天地合德,日月合明,四時應序,鬼神定吉凶也。

卦爻易為以一初為,故有從一之說。一者道之生化,一者天地渾然。《說文》喻一云:「惟初太始,道立於一,造分天地化成萬物。」易之為用,陰陽如一,易之為性,開合變通。先玄求先天,定卦呈象,務為求後天,期在玄用。乾坤開合,天地再化,隱在權變,悟在玄通,裁有制用,數有窮通。聖人云:「天不變,道亦不變。」大易呈明,亙古不易。

大易始有象,在羲皇之代,歷於文字之前。天地旋象,

造數窮通，卦爻象數，易之性義也。

　　夫易之為象，以氣亨通，以跡應之乃為玄象，即圓也矣。乾坤定位，水火交融，圖呈八卦，形以氣生，氣通形變。玄通周天以作三千六百字，合為六十四卦，三百八十四為爻象。先仁云之，數理精微，大易天象，法天則地，務要窮其數度。

　　詩云：

易理為象玄圖導，帝演先玄造化深。
太極真源出黃極，河圖玄化有全真。
卦爻振動合自然，玄用前後判晨昏。
相因法脈傳至道，天元意會演乾坤。

太極陰陽開鴻濛，三環兩儀定玄通。
三才立極昭形象，兩曜飛明會西東。
天地開合真元生，奇隅應變造化同。
物理卦爻經窮處，一氣蘊姻運元工。

先天一氣號虛無，剖產陰陽兩儀出。
坎離周宮融水火，乾坤容會產真如。
上騰瑞氣貫金鼎，玄化陽光結玉珠。
一陽動處萬物輝，方圓規矩循環呼。

萬類運化藏太極，河圖洛書經希夷。
五行伸變生物象，八宮相蕩隱湏彌。
天垂法度臻變化，人承太乙重致一。
易理始終經自古，層層處處宣高低。

太極之為拳，當明太極之本意。太極者，易之所生，陰陽互生，互根互藏，忽隱忽現，往來相推，是明太極以易見之。日月往來而成明，寒暑運化而成歲。八卦相錯，順逆為數。太極反覆以應六爻之動靜，太極動而為陽，靜而為陰。太極之運化，造藝成拳，悟道呈真，參玄知象，萬類務以應變化之機，時概以藝應之，以武宣其哲，動靜陰陽乘之易。太極者以圖云簡，以彎言窮。大易真數莫不從一元初始萌生而來，生生不息，滔滔不絕。易理窮變，易理奧玄。

當年祖師乘易理而造藝為拳，以拳腳生動靜，以武法顯玄機，正隅異常，造持變化，經演大道，反覆通玄，易名太極。

操拳之首，守之靜定，心含虛靈，目持玄光，脈會中元，陰陽得其位，時開拳以啟玄機。

起首分陰陽，陽在先為起、為動、為開、為縱。陽前而陰後，陽動而陰相隨，目光乃受之心，神視補之空隙，以助混元之威誠。目光視之則神光參真，「經」云，一動無有不動，一靜無有不靜。動中求靜，靜中寓動，是謂太極兼生，化之動靜而為陰陽。動則遂通萬物，靜則審聽萬類。物類參動靜，各秉陰陽之性，權會玄通之妙，故不失其太極大易之準。操太極之拳，啟乾坤之示，全坎離之用，行氣以全形之妙，演象通於動靜陰陽之權，有氣有象，參形而施造做。操拳寓化柔剛，時動靜有常，剛柔斷矣。太極以陰陽而分，易數以六位而成。太極為拳者以三十六式環演周天，分為九，寓其四，剛柔相摩，八卦相蕩，應之變化，故以混元四相展其手腳，以一團元氣而造物萬方。拳藝以混元之法合於內操，內煉氣血以暢玄，外化拳腳而宣武做，以大易參真，故

拳家以靜以動參同太極。

易以天地氣運，數合自然，拳法以人身為契同，精氣為物，以丹田資始，氣血盈充而萬物滋生。物各有象，以臻五行。大易有象有形，氣與神俱而自玄慧。形氣交生，以權太極之學，泛武以形，修真以氣。武以形俱之動靜剛柔之事，真以氣充合之陰陽生化之機。事機同奏，內外合一，性命共舉，法緣同證，人我共機，斯稱太極之學。

拳家以混元之力，圓通自在，周體虛靈，貫串始終為其大要。太極以言道，陽升則寙，其法掤，其步進，其意通，其力沉，其神得之以用。陰降則寙，其法掤，其步退，其意止，其力浮，其神得之以權。一招一式莫不由太極而生，一進一退莫不是動靜開合所至。身法得其展、揚、分、涵、操、轉、虛、振、抖、止、進、換、定諸為。其力以崩、切、渾、抽、捻、滑、輕、滾、驚、運、鋪、蹬諸勢。其步取騰、躍、奔、踏、切、赴、合、併、移、突、涵諸踵。其禮儀示之恭、讓、謝、答、敬、謙、為、禮、參、雲、拜、怒諸姿。太極之拳家當以拳姿展姿於天地之間，涵浩氣於山岳之勢。行拳走勢，宜合氣血以養身心。神怡心逸，操示煙霞為真胸懷。宗傳十三勢尚存「靜如古塔立如松，動如行雲快如風」之句，暢翰至則要。

拳家明「易」始覺神功入道，初解術以道通，久之方執以武演道者意奧。行功時，但能人我同操，物類相感，神氣相依，意力合息。觀己之際，以內觀外，以心視手足，以氣遂身姿，以力推勢，以神合虛，以道通玄。是謂之觀我、觀人、觀物、觀為、觀目所不見處。審聽無為，心即靈虛，以心身涵合元氣，使人我天地同一注，無上下，無清濁，無愚

智，無一切分別，諸無而已，方可謂此可近之於道。

拳家走架以舒展筋骨為初則，以吐納無為感細律，最終以無為而為證道於鴻濛。先暢情後明理，先動後靜，文武同宗同修，乃稱大道。

拳家知「易」已成今古，縱橫天下無一將勇不知動靜陰陽，無一軍士不率文章韻律。初史以物辟鴻真，近史以文彰治世。《聖教序》文首斯篇已經深得「易」為。序曰：「蓋聞兩儀有象，顯復載以含生；四時無形，潛寒暑以化物。是以窺天鑒地，庸愚皆識其端；明陰洞陽，賢哲罕窮其數。然天地包乎陰陽，而易識者，以其有象也；陰陽處乎天地，而難窮者，以其無形也。……」

斯易者，居於十三經之首，歷計兩萬四千一百零七字，已探哲、數、物、地、醫、生、命理、兵法諸次領域。可謂「易」與天地準。

附錄：《太極拳易詩六首》

精研八法蒙易深，太極圖演真元根，
初納大甲啓六合，長使天丁鑄三輪。
圓玄有形秉後天，方規無格養聖真，
金編時錄太極理，三十六勢動天心。

參玄太極演易精，陰陽動靜合性情，
前取靈臺正陽合，下抵海底履陰生。
圓通太陰推六脈，妙舉初陽運三庭，
周經纏逿應有會，春光幾度六六宮。

六脈陰陽正太虛，太極生處見涀彌，

無火應投中離數，有形即合參玄機。
騰沖一氣工龍虎，交會六脈正希夷，
九轉天光心月朗，拳法久經演太極。

一處武功一處精，三環九轉動玄英，
掤擠應敵陽生化，靜定無我陰自清。
純陽神火燃朱府，天輪真乾搖金晶，
三十六勢運玄妙，太極經義不可輕。

太極拳法證先天，前足定在後足前，
起手高展三陽威，醒氣長運八法拳。
猛虎抱頭披金甲，白蛇吐信驚斗欄，
掌鋒回然十三勢，神室震動星斗寒。

內煉氣血與易通，參玄合道太極經，
宣會龍虎蘊水府，動用鉛汞透離宮。
丹砂初結子午印，寶笈珍藏日月精，
自淤先師開武界，曾將丁甲歲月封。

第三節　脈流概談

　　無論是任何形式的武學與修真，都不可避免地有其文字上的憑據，或形成套路的一招一式動作，或任何一個姿態相應都有一個名稱。這個名稱的出現，是由一個單詞代表一個形態，其中也都有一個典故。傳統功夫中有典故，而典故的隱喻與動作結合形成圓滿的完整體。現今人們卻把這些代表

脈傳的名稱，進行了改革。把一些有形象、情趣典故的名稱都改了樣，比如上步沖拳、馬步側掌、進步撩掌等。這種改法是武術進入大學後，教授們為了便於教學，統一動作而形成的。表面上看，能使初學者便於掌握動作，其實是將動作的神采減掉了。

倘若學人能理解動作的傳統名稱與其典故的由來，一則可以由典故的情節滲化到功夫的神采中，提高動作臻於武學神韻的內涵，二則可以由典故使武學參真，領略傳統脈流的真實感。現在丟掉有情趣的典故的內涵，讓學生機械地學習，只著重表面的肢體動作，失去原來的傳統風格。

例如：傳統太極劍中「黃蜂入洞」一式，名稱中就可以看出原來的神韻。可是一經改成「弓步點刺」的名稱，其動作本身的神采則頓時失色。

以言而喻，「弓步點刺」只限於上一步縱越，前腿形成弓步，手臂握劍向前移動。伸開前方執劍的手臂，完成動作，如是而已。

若是沿用「黃蜂入洞」而論，古人立意高古，並非為動作而略遜神采。先按「黃蜂」一語，不用蜜蜂、花蜂之柔輕，不用馬蜂、芒蜂之狂勇，而用黃蜂，是取其中（五行中，生化循環，惟土屬中宮，其色黃，卦爻中，起於震而終於離）黃蜂入洞，以不激不勵、不泛不棄、不剛不猛、不草莽不輕率，以劍之尖鋒為神思之所注，像黃蜂那樣似流星游於玄穹一般，帶動二弦四刃，繼之劍體周身而神真自我。如此弓彈前越，搶踏向前，身劍合一，帶動全身。身形以劍鋒為主師，合之於神，醒之在腦，施之於手足，形成是斯。劍鋒前馳，勢如黃蜂，似流螢之快捷，如鷹鷲之犀利。入洞超

然，準而衡真，千真萬確……劍鋒在空中的運行軌跡是曲中求直，操持之間，寓神於霜刃寒鋒之尖，游刃持神。如此神采，藏神寓姿，揮掃神劍，方不失之功夫內家。

這個例子說明了傳統脈流分化演化的層次，以及武學在社會上的體現。站在文化的角度上來看，根據文學詞語對名稱的分別，就可以辨別其各種層次，分析其歷史以及其成長過程。可見名稱的修辭是十分慎重的。

如果按脈學來講，名稱則是反映了時代的情況，至於今時怎樣追溯當年歷史，只有透過各時期的作品，來了解當時的學風。也只有當年遺留下來的內容，才可以還原當年的情景。名稱反映了傳統學識成熟的年代，而功譜拳腳也都流傳著當年的氣息。

學識都是由不成熟轉化為成熟的。在漫長的歲月中，如太極拳每式的名字，都反映了該動作的特點、技術要領。當然從初級到高級，這些名字是不斷變化的。傳統完整的套路，其名稱就反映了它的層次。如此說來，透過套路的名稱就可以分析其為正宗或散流。

例如，農民言拳說：「頭路彈腿似扁擔，二路彈腿人拉鑽。」無論語言還是動作都有農民的特點；讀書人言拳則說：「一羽不能加，蟲蠅不能落。」動靜之中，落筆紙上都難免有些書生之氣；「怯敵還是藝淺，善戰必定藝精。」戚繼光論拳則顯示出了大將的本色。可見武學中的文字之間，存在著諸種層次。

太極拳的古樸天真，存在於脈傳之中，也存在著傳統的養生與修真的同一性，其血緣關係在太極拳成熟過程中，在民眾中逐漸成熟。而在民眾中能有條件提升、普及它的人，

絕非草莽，而是有一定層次的，即在傳統文化脈傳中有相當造詣的人。

　　名稱的典故也是緊密相連的。如按事物發展的客觀分析，應是此學生的血脈。主觀上來分析，養生修真有其理想的境地，由名稱也可以反映這項功夫學識在流傳沿革中是否健康，健康則使其生命走向成熟，否則成為散流。這些因其沒有得到完整脈傳的散流，其學術思想體系的殘缺不全，就像是未完成學業的孩子。當他們還沒有機會完善自己的學業之時，就開始將自己的學識向下留傳。造成散流間的代代繁衍。當年的歷史，就這樣留下了不健全的功夫。

　　探索「太極拳」是否是一代宗風的血脈承襲，可由動作的名稱來判斷（其他拳種武學也如此）。稍細心的人，可以從歷代的太極前賢們的身世看出這種關係。從太極拳的功譜理論來看，在太極拳的成熟成長過程中，是一些有傳宗，有內得而文武兼備之士，經過自我實際之記錄，久而形成學範，留下譜文供後學參真。

　　事實上，太極拳之書籍泛漫天下，應該說是太極拳普及的繁榮，而在這滿園春色的季節中，與芳華俱在的又是雜草叢生。如何判明真偽，判明脈傳與離譜傳宗，需分析功譜，要以傳統理法作為鏡子、尺子來權衡，離開這些的任何努力都不是方向。

　　由於歲月的風雨，使正宗與不成熟的東西都向下流傳。今天來分析這些事由，為的是給後人留下完善的真東西。當然，也希望曾經得到還不曾完善內容之人，靠近宗風逐漸完善自我，在學習過程中，以名稱、文字、譜文、典故尋找出處。正宗的每一步修持歷盡歲月，規循有跡，形成自然屬性

的修為。只有按次第範修，沒有精粗真偽之別。這個自然的屬性，是宗風的生命，是傳統的血脈。

第四節　三昧真參法

任何一門學問，任何一個學術體系，都有它獨自的風貌。一個體系要形成完整的風格，必須具備相應的條件和衡量的標準，並形成專業化的用語。

傳統修真的學識，有正宗與散流之別。正宗的流傳，有其承襲之脈絡，有一定的規程，各有師承，自成體系；而散流則是沒有得到正宗的傳承，在學術上尚未達到正宗的完整的階段，與正宗存在著一定的差距。衡量正宗和散流的標準就是「三昧真參法」。

三昧真參法，「三昧」就是「精、氣、神」。不管是練功、修道、中醫，還是治病救人、享盡天年，都離不開精、氣、神。精藏於丹田小腹，神在顱腔中運化，在小腹丹田與顱腔之間往來的是氣，它們在體內各有各的位置。不管是社會流行功法還是傳統功法，不管是正宗還是散流都講「練精化氣、練氣化神、練神還虛」，但具體的修為就不同了。在傳統的內容裡，神傳的跡象是「化神為氣」，「練氣還精」，以再造精神。三昧真參法就是在具體的修為過程中來評判是正宗還是散流。

三昧真參法即：以形鑒真，以文觀意，以音弘法。

「以形鑒真」是透過手的造型、身體的姿勢來評判功夫。在傳統學識裡，手的姿勢，道家稱之為執法訣，佛家稱之為結手印，儒家喻之為挽手花，瑜伽又叫索指、結指。在

練功的過程中，由一定的姿勢、特殊的指印來調節體內的陰陽氣脈的循環，調節精、氣、神三者的轉化。由於不同的指印法訣，不同的索指形狀，直接調動體內的真氣流通，也相應地出現不同的流注動向，這就是內氣在行功過程中，由於結印不同而產生不同規律的氣機交注，因而保持手的正確姿勢很有必要。

比如，兩手上下相搭，拇指相對，男士左手在上，女士右手在上。在兩手拇指對上的一剎那，身體左側和右側就產生循環，兩側產生生理結構的變化。這些指印是傳統留下來的學識，是正宗留下來的痕跡。不管是坐式、臥式還是站樁，每個姿勢要非常精確，才能使人的精神、元氣、血脈沿順著人身的內在軌道循行，產生完整的循經。姿勢的精確與否也判化了正宗與散流。

「以文觀意」是指透過對功譜的學習來提高自己修習的層次。正宗的功夫，不管是什麼階段，都有功譜。功譜是師真法祖在操修鍛鍊過程中提煉出來的文字，不僅用字很精確，而且還隱含了詞意以外的奧義和只可意會不可言傳的韻律。由閱讀功譜，可以真正了解正宗的脈絡及每一個修持的階段。進一步閱讀，在了解知識的基礎上，使自己的神與功譜相靠近，和功譜裡敘說的境界相靠近，最後，由背誦功譜，使自己的神與功譜的神相化合。透過對功譜的學習，在練功過程中自然就進入到功譜所敘說的那種境界當中了。「練時情中有，用時形內含」，在練功時和古人的神相融合，心領神會。

「以音弘法」是透過「念」而使人的身體、顱腔或者某個部位得到振動。如念「嗡」字，就可以感覺到從身體裡面

向外好像有波在輻射，直達表皮。

可以說，社會上藏傳佛教所念的有一定道理，但它們卻還是梵音。而早在明朝永樂年間，高真大德們已經把梵音翻譯成了漢語，這也是九脈合真的成果，是斷代的文化。而今人所知道的歷史中，並不知道這斷代的文化，仍以為梵音是高深莫測。

「萬物負陰而抱陽」。真正的文化都是陰陽兩元的統一，形成一個太極的圖像，形成宇宙全息論。

如「天對地」，天是陽，地是陰；「雨對風」，風有象而雨有形，風是陽，而雨是陰，形象相對；「山花對海樹，暮鼓對晨鐘」。在陰陽兩元的另一方面的內容就是以音弘法。「隨讀不同，其意不同」（清·劉熙載《藝概》），指出在這裡別有洞天。如在念「三千恆河沙，深源定慧，光超大覺，浩浩密諦，當年法界印傳燈」時，可以體會到身體當中的氣機的運化。在念「三千恆河沙」時，身體當中的氣到了承漿穴；念到「深源定慧」時，氣走到膻中；「光超大覺」，氣繼續往下走；「浩浩密諦」，氣從胃向下走；「當年法界印傳燈」，一念「燈」時就能感覺到氣從丹田非常快地蹦到顱腔，幾乎在丹田和顱腔同時振動。這是傳統的「以音弘法」。

五千年的歲月，黃帝造印劍令泛傳於世，賢俠劍道的出現，封真文化的產生，前賢大德給後人留下了傳統的脈學。時代要求今人繼承和弘揚修真的文化、傳統的脈學，也讓人們有所鑒別。人們可以根據「三昧真參法」去把握正宗，從而靠近正宗，向正宗學習。

第五節　拳打臥牛之地與太極循經之內操

縱觀太極拳之書，多泛有姿勢動作標圖說明，便於初學者學習。書中每言一招一式中的分解動作，或是舉手投足，辨明方向，甚至練功打拳之始所在的位置，拳術完結時還要回到這個開始的地方來。書中備有路線圖。

嘗聞內家拳有「拳打臥牛之地」之語，足以說明，內家功夫之習注重風格，可以在僅有牛臥在地下這麼大小位置的一塊地上，即可馳騁武學了。先天太極內煉之法，則是遵循「拳打臥牛之地」之說來完成演練的。先天太極在拳打臥牛之地的原則下，內以循經，外省肢骸，通暢經脈，宣合氣血，達到武學所要求的修為。

可以說，「拳打臥牛之地」，已經交待清楚內家宗風的拳修規範，即是活步太極。

「拳打臥牛之地」「靜觀牛眠之地」。按傳統風格而語，前者是指武學的修為，所涉需的範圍。後者是指靜功定力，指人之神光收斂，先從牛臥在地上入睡這麼大的範圍，開始收斂自我的視線，即入坐而先，將眼皮下垂，不需合閉眼光，留一絲光線，直可看到臥牛般方圓大小，久久參真，是為「靜觀牛眠之地」。

循經太極拳的修為正是「拳打臥牛之地」，雖式子不多，每式的操修都完成在臥牛之地，而相互之間的連接也按其內在的表裡相循的氣脈流注來完成。這樣將每個式子連貫起來操修，形成內家內煉之為。可分為兩個階段學習。

第一步：初學者，可以將某式子，隨動作單獨反覆練習，乃至精熟，以求內氣循經而達到修為，體會其中因循經而產生的潛氣內行的實際滋味。先練好一式，然後再學一式，如此反覆練習，乃至最後全部學完。

　　第二步：在每個動作都單獨鍛鍊的基礎上，轉入第二階段。這個階段，可用全體大用篇的譜文來接踵前後順序，即先背誦熟讀譜文，然後領略譜文與行功的內在含義，領略每招每式的操修規範。在這個基礎上忘掉功譜所指示的前後順序，以內在的循經為主體，一氣貫通，隨其潛氣而生成式子，產生由內脈循持而發生的動作，或是因循經之故，甚至某個式子多習反覆。這樣串聯起來，形成拳路，如此完成反覆動作，直至完成全部拳路趟子。

　　概括而言，前者某個式子是單獨地鍛鍊，體會每個動作產生的循經。後者是將每個式子因氣化而關聯起來，完成複雜的循經。這樣既可以通過轉換身法、步法，「拳打臥牛之地」，也可以隨環境之大小，因氣化循經而乘興，不受約束，將體內氣血隨動作而宣合。這樣修為，並非無律，而實為潛行循經，來決定外動的有形表象。

　　以內修的原則來看「拳打臥牛之地」，這正是古人盡言內循氣化之妙玄，並非似俗人散流以機械般的動作，來勉強身形，違背氣血脈流，而使氣脈陰陽失度，造成丟掉內煉內操而使太極拳失真的局面。

　　每見今人言拳放鬆，以求自然，不知氣血內流的體感，不鬆而自鬆。言在行功操拳中以眼看手，孰不知眼為神光所聚，眼神當視其手足照顧不到而生成的虛處，這樣眼神與手足才成平穩勢態。言動作速度要慢勻，更不知經脈周流中，

陰陽經脈氣血流注存有速差，「動急則急應，動緩則緩隨」，是言內操。身形當隨氣脈循經而起浮升降，開合有度，收放自然，並非淺指因敵動而生急緩。

拳經言「如長江大河，滔滔不絕」，並非指套路之長短，動作之繁簡，而深諳內操氣血宣通之勢。滔滔不絕，如長江大河，如日月經天，納子午於內脈，行氣血而經四時，精、氣、神之運化，與天地準，與日月齊……久而臻於此，乃成內操，以基丹家循經修脈之為。

太極專修，「拳打臥牛之地」，是言因內斂而生成氣血循經之力，無論內操之修為還是技擊外用，均守乎中宮，不失偏激，因動作而循，合宣氣血之機樞。「拳打臥牛之地」，發微天地，仰俯進退獨善其形，以陰陽動靜而為用，實可言內家之操修。不失之牛臥與牛眠，方證壺中三昧，以此為之，乃臻太極之意。

第六節　太極拳循經之操修解惑

曾有學員問：「循經太極拳一次練習幾遍？能不能間斷？練習太乙元明八勢，是需要練習一段時間，再練習太乙元明功大煉形三勢嗎？大煉形三勢收功時雙眼閉合嗎，略站幾分鐘呢？」

這是初學者所存在的普遍問題。看書學習存在著一些細緻精微的問題。本來丹經武學之承襲是依靠口傳心授、師徒相習的，寫在書上的內容是考慮到其系統性、完整性。書中詳細地記載著譜文、口訣等諸方面的內容，書中該寫的內容，應是詳詳細細，讀者可以反覆展玩，得其精神。

按傳統的承襲，「庫封彩瑞，案設金函」。丹田之內封存有「瑞靄」元真，而書案上當存有「金函玉冊」，這「金函玉冊」是指書譜之類的藏真。就丹道武學而言，按自然之順序，是先練習小煉形，其作用可調節身心，抻筋拔骨，疏通經絡，同時調整形體。

　　人身三百六十五大穴，近年西醫發現的「阿是」穴有增無減……其實這些內容對初學丹經武學者是沒有多大的用處，知道後但覺眼花撩亂。究其丹經武學之「修真」而言，初步掌握十二大穴位就可以調節身心狀態了。這涉及到「修真」的「穴道」是依賴小煉形達到的。

　　比如說：胸前膻中、後背夾脊、小腹丹田、身後命門、手心勞宮、腳下湧泉、頭頂百會、身下會陰、腦前金庭等。

　　這關係到「修真」武學、強健身心等諸方面的作用。

　　小煉形有了初步鍛鍊之後，再按進度學習「太乙元明功」。

　　玉環樁推得自如了，再操演循經太極拳。

　　一些學員透過學習閱讀教材，初步知道丹經武學方面的學識是何等豐富，並非似社會流傳的「泛說」那樣無知。「正宗演大道，旁門重小術」。按丹經武學來說，「太乙修真，元明八勢」是何等權威重要，況且深入尚有密傳真切之有為法，並不是社會上泛傳的「想入非非」的東西。正宗的內容是「限期取證」的標準，只要練，就見效。

　　所講「有了初步鍛鍊體會」是指飲食睡眠、精神足，記憶力增強等方面的改善。玉環樁使人身體恢復健康，進而強壯體魄，再練習循經太極拳會有事半功倍的效果；小煉形有了感受，再學元明八勢。

練元明八勢，體會感受得到穩定，至少要有兩三個月的時間作為一個周期，才可以體驗大煉形三勢。

《真元寶笈》有「此時，需閉目內守，神光注意丹田」之句，是說動功是靜功的基礎。「閉目」是有因由的，不是妄為。練習丹經武學，待肝經之氣脈循經經過二目時，閉上眼睛，是以利肝經氣血歸經納入玄竅。而「行功」結束時更要注意「斂氣歸竅」時，隨氣機「納甲歸元」，不至於發生真氣外游現象。日久功益深，當真氣歸經的體會有了相當的基礎，每每有「斂氣歸竅」的感受。至此便不需要「閉目」以待其行經了，那時睜開眼睛會覺得世界更清新。

在元明八勢的基礎上練大煉形三勢，初期階段，收功時的「斂氣歸竅」可以睜開眼睛，也可以閉上眼睛。在「元明八勢」初期階段就要知道這是常識性的問題。此外，如要尋求「斂氣歸竅」後的舒適感覺，希望延長一些時間去感受那種如飲甘露、如灌醍醐的實際滋味時，就可以隨意掌握時間，豈是「略站幾分鐘」。

第**6**章

太極拳的循經
對養生的貢獻

第一節　人體經絡概述

一、十二正經介紹

經絡學說，內容豐富，是中國醫學重要的理論之一。人體經絡內聯臟腑、外絡四肢關節，起到溝通表裡、貫通上下、運行氣血、輸布營養、協助臟腑完成生理功能的作用。

《靈樞・經脈篇》曰：「經絡者，所以決生死，處百病，調虛實，不可不通。」

《靈樞・經別篇》曰：「夫十二經者，人之所生、病之所成、人之所治、病之所起、學之所止、粗之所易、上之所難也。」

古人認為「內景隧道，惟反觀者，可照察之」，由專修的鍛鍊方法，自己可以感受到氣血循行的路線，領悟經絡學說的內涵。

十二正經是經脈系統的主體，內屬五臟六腑，外絡四肢、骨節、腧穴，是人體氣血運行的主要通道。

十二正經分別為：手三陽、手三陰、足三陽、足三陰。

手三陰：手太陰肺經、手少陰心經、手厥陰心包經；

手三陽：手陽明大腸經、手少陽三焦經、手太陽小腸經；

足三陽：足陽明胃經、足少陽膽經、足太陽膀胱經；

足三陰：足太陰脾經、足厥陰肝經、足少陰腎經。

肺出於少商，少商者，手拇指端內側也。

心出於中衝，中衝，手中指之端也。

肝出於大敦，大敦者，足大趾之端及三毛之中也。

脾出於隱白，隱白者，足大趾之端內側也。

腎出於湧泉，湧泉者，足心也。

膀胱出於至陰，至陰者，足小趾之端也。

膽出於竅陰，竅陰者，足小趾、次趾之端也。

胃出於厲兌，厲兌者，足拇趾內、次趾之端也。

三焦者，上合手少陽，出於關衝，關衝者，手小指、次指之端也。

手太陰小腸者，上合手太陽，出於少澤，少澤，小趾之端也。

大腸上合手陽明，出於商陽，商陽，拇趾、次趾之端也。

調陰與陽，精氣乃光，合形與氣，使神內藏。故曰上工平氣，中工亂脈，下工絕氣危生。

從腰以上者，手太陰陽明皆主之；從腰以下者，足太陰陽明皆主之。病在上者下取之，病在下者高取之，病在頭者取之足，病在足者取之膕。

凡刺之道，氣調而止，補陰瀉陽，音氣益彰，耳目聰

明，反此者血氣不行。

三脈動於足拇趾之間。

營衛之行也，上下相貫，如環之無端，莫知其紀，終而復始。

二、十二經脈圖示

出自《類經附翼》

手太陰肺經圖注

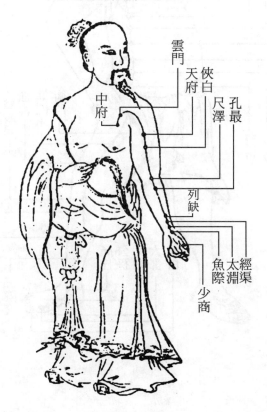

足太陰脾經圖注左右共四十二次

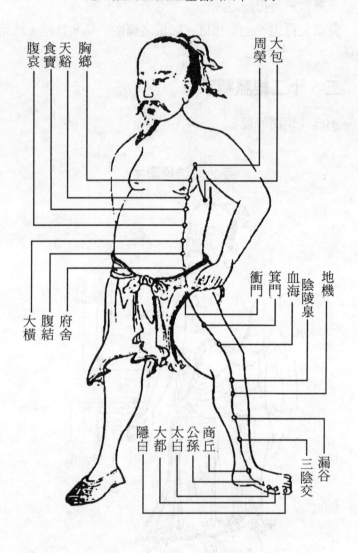

腹哀　食寶　天谿　胸鄉

周榮　大包

衝門　箕門　血海　陰陵泉　地機

大橫　腹結　府舍

隱白　大都　太白　公孫　商丘

漏谷　三陰交

手少陰心經圖注 左右共十八穴

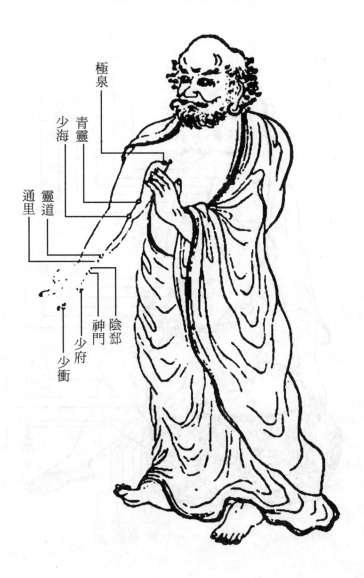

極泉

少海　青靈

通里　靈道

神門　陰郄

少衝　少府

足少陰腎經圖注_{左右共五十四穴}

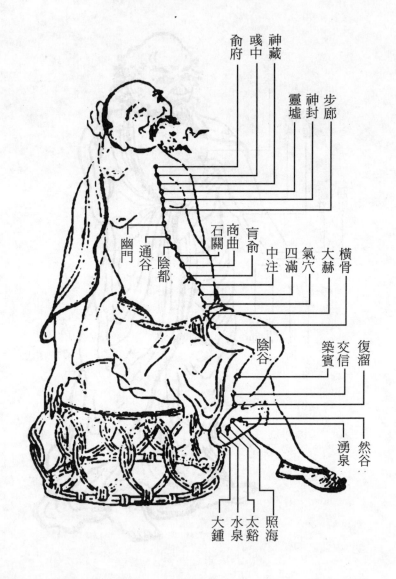

俞府　或中　神藏

靈墟　神封　步廊

幽門　通谷　陰都　石關　商曲　肓俞　中注　四滿　氣穴　大赫　橫骨

陰谷　築賓　交信　復溜

湧泉　然谷

大鍾　水泉　太谿　照海

手厥陰心包經圖注左右共一十八穴

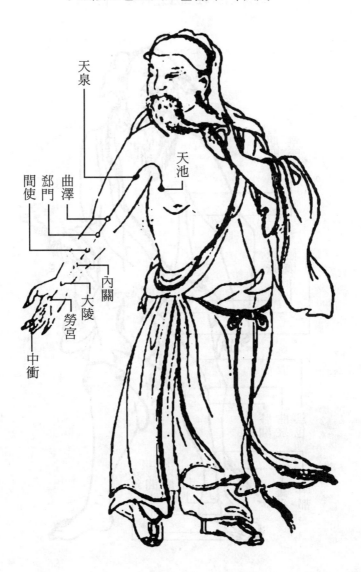

天泉

天池

曲澤
郄門
間使

內關
大陵
勞宮
中衝

足厥陰肝經圖注左右共二十八穴

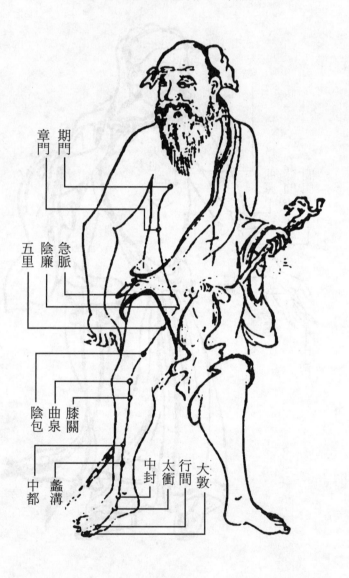

期門
章門

五里
陰廉
急脈

陰包
曲泉
膝關

中都
蠡溝
中封
太衝
行間
大敦

手太陽小腸經圖注左右共三十八穴

聽宮　顴髎　天容　天窗　肩中俞

腕骨　陽谷　養老　支正

臑俞

小海　肩貞　天宗　秉風　曲垣　肩外俞

少澤　前谷　後谿

足太陽膀胱經圖注 左右共一百二十六穴

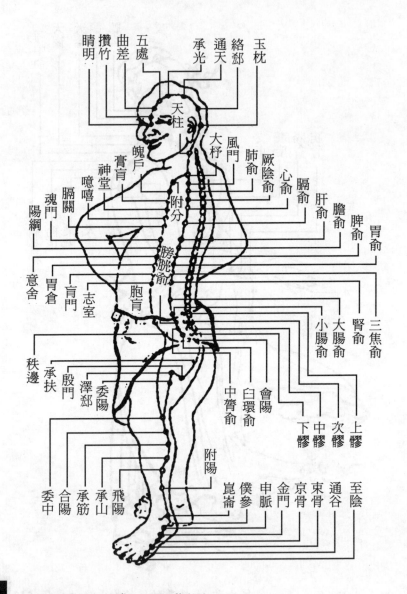

手陽明大腸經圖注 左右共四十六穴

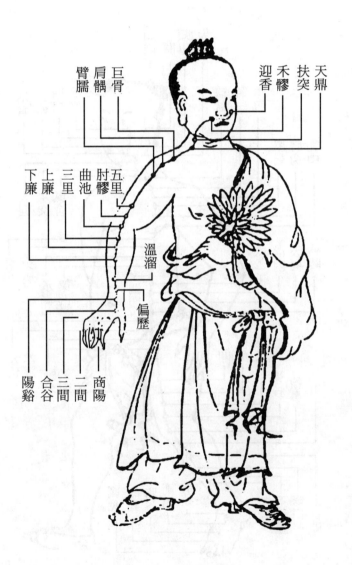

臂臑　肩髃　巨骨

迎香　禾髎　扶突　天鼎

下廉　上廉　三里　曲池　肘髎　五里

溫溜

偏歷

陽谿　合谷　三間　二間　商陽

足陽明胃經圖注左右共九十穴

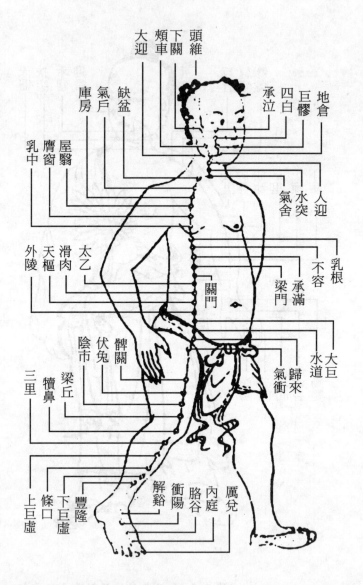

頭維　頰車　下關　大迎
庫房　氣戶　缺盆
乳中　膺窗　屋翳
外陵　天樞　滑肉　太乙
三里　犢鼻　梁丘　陰市　伏兔　髀關
上巨虛　條口　下巨虛　豐隆
解谿　衝陽　陷谷　內庭　厲兌

承泣　四白　巨髎　地倉
人迎　水突　氣舍
乳根　不容　承滿　梁門
大巨　水道　歸來　氣衝

關門

手少陽三焦經圖注 左右共四十六穴

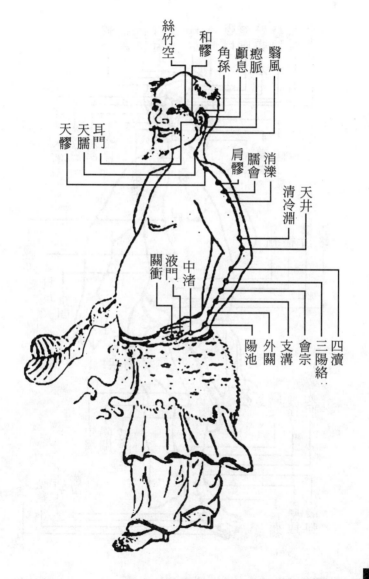

絲竹空 和髎 角孫 顱息 瘈脈 翳風

天髎 天牖 耳門

天髎 肩髎 臑會 消濼 清冷淵 天井

關衝 液門 中渚

陽池 外關 支溝 會宗 三陽絡 四瀆

足少陽膽經圖注左右共八十六穴

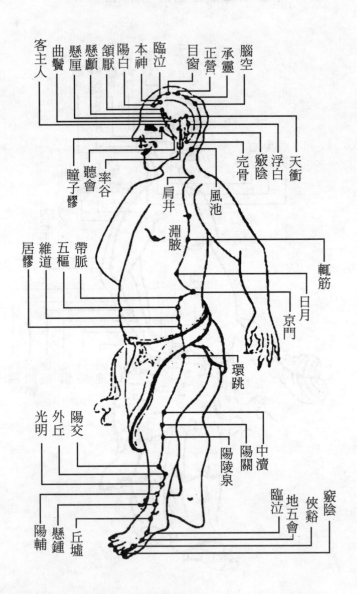

客主人 曲鬢 懸厘 懸顱 頷厭 陽白 本神 臨泣 目窗 正營 承靈 腦空

瞳子髎 聽會 率谷 肩井 風池 完骨 竅陰 浮白 天衝

淵腋

居髎 維道 五樞 帶脈 輒筋

日月 京門

環跳

光明 外丘 陽交 中瀆 陽關 陽陵泉

陽輔 懸鍾 丘墟 臨泣 地五會 俠谿 竅陰

三、十二經脈的循行

1. 肺‧手太陰之脈

《靈樞‧經脈》：肺手太陰之脈，起於中焦，下絡大腸，還循胃口，上膈屬肺。從肺系，橫出腋下，下循臑內，行少陰、心主之前，下肘中，循臂內上骨下廉，入寸口，上魚，循魚際，出拇指之端。

其支者，從腕後，直出次指內廉，出其端。

「是動」，則病肺滿膨，膨而喘咳，缺盆中痛，甚則交兩手而瞀，此為「臂厥」。

是主肺「所生病」者：咳，上氣、喘、渴、煩心、胸滿、臑臂內前廉痛厥，掌心熱。

氣盛有餘，則肩、臂痛，風寒（則）汗出中風，小便數而欠；氣虛則肩背痛寒，少氣不足以息，溺色變。

2. 大腸‧手陽明之脈

起於拇指、次指之端，循指上廉，出合谷兩骨之間，上入兩筋中，循臂上廉，入肘外廉，上臑外前廉，上肩，出髃骨之前廉，上出於柱骨之會上，下入缺盆，絡肺，下膈，屬大腸。其支者，從缺盆上頸，貫頰入下齒中，還出挾口，交人中，左之右，右之左，上挾鼻孔。

「是動」，則病齒痛，頸腫。

是主津液「所生病」者：止黃、口乾、鼽衄、喉痺、肩前臑痛。

3. 胃‧足陽明之脈

起於鼻上，交（頞）中，旁納太陽之脈，下循鼻外，入

上齒中，還出挾口，環唇，下交承漿，卻循頤後下廉，出大迎，循頰車，上耳前，過客主人，循髮際至額顱。其支者從大迎前下人迎，循喉嚨，入缺盆，下膈，屬胃，絡脾；其直者，從缺盆下乳內廉，下挾臍，入氣街中；其支者，起於胃口，下循腹裡，下至氣街中而合，以下髀關，抵伏兔，下膝臏中，下循脛外廉，下足跗，入中趾內間；其支者，下廉三寸而別下入中趾外間；其支者，別跗上，入拇趾間，出其端。

「是動」，則病灑灑振寒，善伸數欠，顏黑，病至則惡人與火，聞木聲則惕然而驚，心欲動，獨閉戶塞牖而處。甚則欲上高而歌，棄衣而走，賁響腹脹，是為「骭厥」。

是主血「所生病」者：狂、瘧、溫，汗出，鼽衄，頸腫，喉痹，大水腫，膝臏腫痛，循膺、乳、氣街、股、伏兔、（骭）外廉、足跗上皆痛，中指不用。氣盛則身以前皆熱，其有餘於胃，則消穀善饑，溺色變黃；氣不足則身以前皆寒栗。胃中寒則脹滿。

4. 脾‧足太陽之脈

起於拇趾之端，循趾內側白肉際，過核骨後，上內踝前廉，上踹內循脛骨後，交出厥陰之前，上膝股內前廉，入腹，屬脾，絡胃，上膈，挾咽，連舌本，散舌下；其支者，復從胃別，上膈，注心中。

「是動」，則病舌本強，食則嘔，胃脘痛，腹脹，善噫，得穀與氣，則快然如衰。

是主脾「所生病」者：舌本痛，體不能動搖，食不下，心煩，心下急痛，溏、瘕、泄，水閉，黃疸，不能臥，強立股膝內腫厥，足拇趾不用。

5. 心・手少陰之脈

起於心中，出屬心系，下膈，絡小腸；其支者，從心系上挾咽，係目系；其直者，復從心系卻上肺，下出腋下，下循臑內後廉，行厥陰心主之後，下肘內，循臂內後廉，抵掌後銳骨之端，入掌內後廉，循小指之內，出其端。

「是動」，則病嗌乾，心痛，渴而欲飲，是為「臂厥」。

是主心「所生病」者：目黃、脅痛、臑臂內後廉痛厥，掌中熱痛。

6. 小腸・手太陽之脈

起於小指端，循手外側，上腕，出踝，直上循臂骨下廉，出肘內側兩筋間，上循臑外後廉，出肩解，繞肩胛，交肩上，入缺盆，絡心，循咽，下膈，抵胃，屬小腸。其支者，從缺盆循頸上頰，至目銳眥，卻入耳中；其支者，別頰上䪼，抵鼻，至目內眥，斜絡於顴。

「是動」，則病嗌痛，頷腫，不可以顧，肩似拔，臑似折。是主液「所生病」者：耳聾、目黃、頰腫，頸、頷、肩、臑、肘外後廉痛。

7. 膀胱・足太陽之脈

起於目內眥，上額，交巔；其支者，從巔至耳上角；其直者，人巔入絡腦，還出別下項，循肩膊內，挾脊抵腰中，入循膂，絡腎，屬膀胱；其支者，從腰中下挾脊，貫臀，入膕；其支者，從內左右，別下貫胛，挾脊內，過髀樞，循髀外，從後廉下合膕中，以下貫踹，出外踝之後，循京骨，至小趾外側。

「是動」：則病沖頭痛，目似脫，項似拔，脊痛，腰似

折。髀不可以曲，膕如結，踹如裂，是為「踝厥」。

是主筋「所生病」者：痔、瘧、狂、癲疾、頭項痛，目黃、淚出、鼽衄、項背腰尻膕腨皆痛，小趾不用。

8. 腎・足少陰之脈

起於小趾之下，斜走足心，出於然谷之下，循內踝之後，別入跟中，以上內，出膕內廉，上股內後廉，貫脊，屬腎，絡膀胱；其直者，從腎上貫肝膈，入肺中，循喉嚨，挾舌本；其支者，從肺出絡心，注胸中。

「是動」：則病饑不欲食，面如漆柴，咳唾則有血，喝喝而喘，坐而欲起，目如無所見，心如懸若饑狀，氣不足善恐，心惕惕如人將捕之，是為「骨厥」。

是主腎「所生病」者：口熱舌乾，咽腫，上氣，嗌乾及痛，煩心，心痛，黃疸，腸澼，脊股內後廉痛，痿厥、嗜臥，足下熱而痛。

9. 心主・手厥陰心包絡之脈

起於心中，出屬心包絡，下膈，歷絡三焦；其支者，循胸出脅，下腋三寸，上抵腋下循臑內，行太陽、少陰之間，入肘中，下臂行兩筋之間，入掌中，循中指，出其端；其支者，別掌中，循小指、次指，出其端。

「是動」，則病手心熱，臂肘攣急，腋腫，甚則胸脅支滿，心中大動，面赤，目黃，喜笑不休。

是主脈「所生病」：煩心、心痛、掌中熱。

10. 三焦・手少陽之脈

起於小指、次指之端，上出兩指間，循手表腕，出臂外兩骨之間，上貫肘，循臑外，上肩而出足少陽之後，入缺盆，布膻中，散落心包，下膈，循屬三焦；其支者，從膻上

出缺盆，上項，繫耳後，直上出耳上角，以屈下頰至（頤）。其支者，從目後入耳中，出走耳前，過客主人，交頰，至目銳眥。

「是動」，則病耳聾，渾渾焞焞，嗌腫，喉痺。

是主氣「所生病」者，汗出，目銳眥痛，頰痛，耳後肩臑肘臂外皆痛，小指、次指不用。

11. 膽・足少陽之脈

起於目銳眥，上抵頭角，下耳後，循頸，行手少陽之前，至肩上，卻交出手少陽之後，入缺盆；其支者，從耳後入耳中，出走耳前，至目眥後；其支者，別銳眥，下大迎，合於手少陽，抵於（頤）下，加頰車，下頸，合缺盆，以下胸中，貫膈，絡肝，屬膽，循脅里，出氣街，繞毛際，橫入髀厭中；其直者，從缺盆下腋，循胸，過季肋，下合髀厭中，以下循髀陽，出膝外廉，下外輔骨之前，直下抵絕骨之端，下出外踝之前，循足跗上，入小趾、次趾之間；其支者，別跗上，入拇趾之間，循拇趾歧骨內，出其端，還貫爪甲，出三毛。

「是動」，則病口苦，善太息，心脅痛，不能轉側，甚則面微有塵，體無膏澤，足外反熱，是為「陽厥」。

是主骨「所生病」者，頭痛，頜痛，目銳眥痛，缺盆中腫痛，腋下腫，馬刀挾癭，汗出振寒，胸、脅、肋、髀、膝外至脛、絕骨、外踝前及諸節皆痛，小指、次指不用。

12. 肝・足厥陰之脈

起於拇趾叢毛之際，上循足跗上廉，去內踝一寸，止踝八寸，交出太陰之後，上膕內廉，循股陰，入毛中，過陰器，抵小腹，挾胃屬肝，絡膽，上貫膈，布脅肋，循喉嚨之

後，上入頏顙，連目系上，出額，與督脈會於巔；其支者，從目系下頰裡，環唇內；其支者，復從肝，別貫膈，上注肺。

「是動」，則病腰痛不可俯仰，丈夫疝、婦人少腹腫，甚則嗌乾，面塵、脫色。

是主肝「所生病」者，胸滿、嘔逆、飧泄、狐疝，遺溺，閉癃。

十二經脈的內外表象

十二經脈		外 部	內	部
	手太陰肺經	拇指	屬肺	絡大腸
手三陰	手厥陰心包經	中指	屬心包	絡三焦
	手少陰心經	小指	屬心系	絡小腸
	手陽明大腸經	食指	屬大腸	絡肺
手三陽	手少陽三焦經	無名指	屬三焦	絡心包
	手太陽小腸經	小指	屬小腸	絡心
	足陽明胃經	次趾	屬胃	絡脾
足三陽	足少陽膽經	第四趾	屬膽	絡肝
	足太陽膀胱經	小趾	屬膀胱	絡腦、絡腎
	足太陰脾經	拇趾內	屬脾	絡胃
足三陰	足厥陰肝經	拇趾外	屬肝	絡膽
	足少陰腎經	小趾下	屬腎	絡膀胱、絡心

十二經脈的表裡關係

十二脈分別絡屬互為表裡的臟腑，陰經屬臟絡於腑，陽經屬腑絡於臟，陰陽經脈之間也有表裡相互配合的關係。

陰經（裡）	手太陰	足少陰	足厥陰	手少陰	足太陰	手厥陰
	肺	腎	肝	心	脾	心包
五行	金	水	木	火	土	相火
	手陽明	足太陽	足少陽	手太陽	足陽明	手少陽
陽經（表）	大腸	膀胱	膽	小腸	胃	三焦

十二經脈的流注次序

手足三陰三陽經脈的走向有順有逆、相互交接，構成了一個陰陽相貫、如環無端的經脈循環系統。其具體走向和交接規律是：

手三陰，從胸走手，在手指端交手三陽；

手三陽，從手走頭，在頭面部交足三陽；

足三陽，從頭走足，在足趾端交足三陰；

足三陰，從足入腹，在胸腹部交手三陰。

四、營氣、衛氣與十二經循行

《靈樞·營衛生會篇》云：「人焉受氣？陰陽焉會？何氣為營？何氣為衛？營安從生？衛於焉會？⋯⋯歧伯答曰：人受氣於穀，穀入於胃，以傳與肺，五臟六腑，皆以受氣，

其清者為榮，濁者為衛，營在脈中，衛在脈外，營（氣）周
不休，五十而復大會，陰陽相貫，如環無端。衛氣行於陰二
十五度，行於陽二十五度，分為晝夜，故氣至陽而起，至陰
而止。

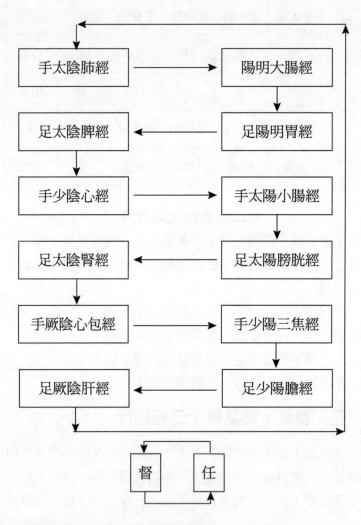

《靈樞‧營氣篇》云：「營氣之道，內穀為寶，穀入於胃，傳之肺，流溢於中，散布於外，精專者，行於經遂，常營無已，終而始，是謂天地之紀。故氣從太陰出於手陽明，上行注足陽明，下行至跗上，注大趾間，與太陰合，上行抵髀，從脾注心中，循手少陰出腋下臂注小指，合手太陽，上行乘腋，出（頤）內，注目內眥，上巔，下項，合足太陽，循脊，不尻，下行注於小趾端，循足心，注足少陰，上行注腎，從腎注心外，散於胸中，循心主脈，出腋，下臂，出兩筋之間，入掌中，出中指之端，還注小指、次指之端，合手少陽，上行注肱中，散於三焦，從三焦注膽，出脅，注足少陽，下行至跗上，復從跗注大趾間，合足厥陰，上行至肝，從肝上注肺，上循喉嚨，入頏顙之竅，究於畜門其支別者，上額，循巔，下項中，循脊入骶，是督脈也；絡陰器，上過毛中，入臍中，上循腹裡，入缺盆，下注肺中，復出太陰。此營氣之所行也，逆順之常也。」

五、循經及動中八觸

真氣在體內的循環，使人們有了這種或那種的感覺，這種感覺是不是表明鍛鍊有收益，應該說這只是入門階段。有了這種或那種的感覺，就是古人說的「動中八觸」，就是氣機發動後，沿著經絡在體內循環，產生的八種感覺。這八種觸覺是我們操演時體會到的：

1. 清涼感；　　5. 舒適感；
2. 溫熱感；　　6. 流水感；
3. 麻感；　　　7. 疼痛感；
4. 針刺感；　　8. 比較熱的灼感。

總之，古人把它歸納為動中八觸。這是氣機發動後在體內產生的觸覺，有的觸覺是操演中影響了體內元氣，體內的元氣沿著經絡產生震動，這樣就產生了感覺，有感覺才是循經鍛鍊的初步。但這只能說你循經剛剛起步而已。

　　不要刻意追求這些感覺，這些感受是天然生成的，是自然而然的，應該順其自然。只要堅持天天鍛鍊，對你的身體就有收益。真正形成經脈循行，要有一個鍛鍊的過程。

　　打基礎百日築基，使體內的元氣加以充實。然後得一震動，產生太乙氣化，才能逐漸達到《修真圖》中說的元氣在體內的沿經絡循環，由鍛鍊使自身無論從體質還是從精神面貌上都能達到一個完整的人。

第二節　《黃帝內經》中的養生之道

　　天地創造了宇宙中的萬類萬物，於是人對宇宙有了觀察，從感性上探求其中的規律，將整個宇宙分為三個層次：天、地、人。

　　宇宙中天地交合生成萬物，形成人與宇宙最初的生活模式。

　　古人認為，天屬陽，地屬陰，天地陰陽育化萬物，天陽下降，地氣升騰，宇宙之中形成了陰陽交感的變化，而生萬物。人為萬物之靈，天氣的陽氣，地氣的陰氣，二者交合在一塊形成了宇宙的萬類萬物，產生了生命，人的生命成長，在宇宙當中呈現出智慧。

一、陰陽應象大論篇第五

【《黃帝內經》原文】　黃帝曰：陰陽者，天地之道也，萬物之綱紀，變化之父母，生殺之本始，神明之府也。治病必求於本，故積陽為天，積陰為地，陰靜陽躁，陽生陰長，陽殺陰藏。陽化氣，陰成形。寒極生熱，熱極生寒。寒氣生濁，熱氣生清。清氣在下，則生飧泄；濁氣在上，則生䐜脹。此陰陽反作，病之逆從也。

【釋文】黃帝說：陰陽的道理，是宇宙間的普遍規律，是一切事物的綱領，是萬物發展變化的起源，是生長毀滅的根本，是人的精神活動所聚之處。因此，治病必須尋求治本的方法。從陰陽變化來看，清陽之氣，積聚上升，就成為天；濁陰之氣，凝聚下降，就成為地，陽主萌動，陰主成長，陽主殺伐，陰主收藏。陽能化生功能，陰能構成形體。寒到極點會轉化生熱，熱到極點會轉化生寒。寒氣的凝聚，能產生濁陰，熱氣的升騰可產生清陽。清陽之氣在下，如不得上升，就會發生飧泄。濁陰之氣，如不得下降，就會發生脹滿。這就是違反了陰陽運行規律，就要導致疾病的道理。

【《黃帝內經》原文】　故清陽為天，濁陰為地；地氣上為雲，天氣下為雨；雨出地氣，雲出天氣。故清陽出上竅，濁陰出下竅；清陽發腠理，濁陰走五臟；清陽實四肢，濁陰歸六腑。

【釋文】　清陽之氣變為天；濁陰之氣變作地。地氣上升就成為雲，天氣下降就變成雨；雨雖是天氣下降，卻是地氣所化；雲雖是成於地氣，卻賴天氣的蒸發。這是陰陽相互為用的關係。人體的變化也是這樣，清陽出於上竅，濁陰出

於下竅。清陽發散於腠理，濁陰注入於五臟。清陽使四肢得以充實，濁陰使六腑能夠相安。

【講解】　張介賓曰：「……乃知天地之道，以陰陽二氣而造化萬物，人生之理以陰陽二氣而長養百骸……」也說明了人體與宇宙的運動都統一於陰陽之變化。

中醫的陰陽學說屬於中醫的思想理論體系，也是中醫認識事物和分析事物的思想辯證方法，是中醫學的理論基礎與核心。古人對陰陽的認識最初是由山地對陽光的向背而得出概念的，即是朝著日光者為陽，反之為陰，後來引申至極為廣泛的哲學概念，即是在自然界中，事物凡是運動、向上、向外、發散、光明、溫暖、剛強，太過的屬性，均可稱之為陽；凡是靜止、向下、向內、內斂、黑暗、寒冷、柔軟，不及的屬性，均可稱之為陰。

陰陽體系

	上下	上下	生化	生化	氣形	溫度	質地	部位	部位	部位	本象	藥性	性別	位置	位置
丨	天	躁	生	殺	氣	熱	清	上竅	腠理	四肢	火	辛甘發散	男	左	外
丨	地	靜	長	藏	形	寒	濁	下竅	五臟	六腑	水	酸苦湧洩	女	右	內

陰與陽之間又存在著陰陽的對立互根，相互消長，相互轉化及升降等規律。

1. 陰陽對立互根

陰陽的對立互根是指陰與陽的兩種屬性相反而又互相以對方作為根本，無陰則陽無以化，無陽則陰無以生。例如：動與靜相對，而動屬陽，靜司陰，兩者屬性是相反的。但是宇宙的運化在運動中需要靜止，以積聚能量，為下一個運動做好準備；在靜止而後則開始運動，兩者互為根本。

2. 陰陽相互消長

陰陽的消長是指宇宙運化中相對立的彼此雙方你消我長的規律，即是「陰消則陽長，陽消則陰長」。這種規律表現於一年中的氣候來講，夏至一陰生，陰氣開始逐漸地發展壯大，陽氣相對削減，使氣候由熱變涼，最後成為冬天的寒冷；冬至一陽生，陽氣開始逐漸地發展壯大，陰氣相對削減，天氣又由冬寒變為春暖。

3. 陰陽相互轉化

陰陽相互轉化是指陰陽兩者在一定的條件下，各自向相反的方面轉化，即「陽轉化為陰，陰轉化為陽」。此即《素問・陰陽應象大論》所說「重陽必陰，重陰必陽」。正如在一年氣候中，寒冷至極以後必定會溫暖，酷熱以後必定會涼爽。又如黎明前的黑暗一樣，是宇宙日月經天形成的必然現象，古人從中總結為陰陽相互轉化的規律。

4. 陰陽相互升降

《素問・陰陽應象大論》說：「清陽為天，濁陰為地，地氣上為雲，天氣下為雨，雨出地氣，雲出天氣。」此中深寓陰升降之義，而全陰陽交合之用。

在《大寶論》中，張景岳強調了陽氣在人體的極端重要性，為其溫補為主的理論奠定了堅實之基礎。他說：「人是

小乾坤，得陽行生，失陽則互。陽衰者，即亡陽之漸也，恃強者，即致衰之兆也，可不畏哉！故伏羲作易，首制一爻，此立元陽之祖也。文王衍易，凡六十四卦，皆以陽喻君子，陰喻小人，引明陰陽之德也。乾之彖曰：大哉乾元，萬物姿始，乃統天。引言元貫四德，陽為發育之首也。大有之彖曰：大有元亨，火在天上。此言陽德之享，無所不照也。繫辭曰：天地之在德曰生。此切重生生之本也。《內經》曰：凡陰陽之要，陽密乃固，此言陰之所持者，惟陽為主也。又曰：陽氣者若天與日，失其所則折壽而不彰。故天運當以日光明。此言天之運，人之命，無無根本，總在太陽無兩也。凡此經訓，蓋自伏羲、黃帝、文王、歧伯、周公、孔子六大聖人，千古相傳，若出一口……由是言之，可見天之大寶，只此一丸紅日；人之大寶，只此一息真陽」（《中國八卦醫學》）。

二、一團元氣育人生

人類的本體生命是由什麼組成的呢？內部的器官，外邊的皮肉形成了他的本體。從另外一個角度再現是氣化，是心神。中醫把心與大腦結合起來：腦為髓之海，脊柱裡的一條管線是人體中重要的通道，中國醫學把它叫督脈，循經時沿這條通道向下循環。相反，在身體前面向上循環的一條是任脈。一條在後背，一條在前身，就是天陽下降，地氣上升。人身體中督脈統領陽經合於腦，腦為髓之海，髓屬骨。腎屬精。剛開始，宇宙裡的一團元氣育化了生命，古人把這團元氣叫做真元之氣，也就是說，育化了人體生命的有物質、有形象的內容。這團元氣隨時間形成了人這一完整的整體。從

中國醫學的角度剖析：心藏神，腎藏精，「精神」二字育化了人的一生，也是這個詞匯本源的含義。

　　人的骨骼就如建房的鋼筋一樣形成了構架，在此基礎上，再加以完善肉、皮、筋、血脈與血液及內在的臟器，便組成了人的形體。形體的有規律運化，形成了生命的靈動，使內裡蘊含了精神，即是心藏神，肝藏魂，肺藏魄，脾主意，腎主志，腦為元神之府，而後人的神、魂、魄、意、志則組成了人的精神活動。如下所示：

形與神統一

形	骨骼構架	肉	血	筋	脈	皮
臟器	五臟	心	肝	脾	肺	腎
六腑	小腸	膽	胃	大腸	膀胱	三焦

神

神	魂	魄	意	志
心藏神	肝藏魂	肺藏魄	脾主意	腎主志

三、天人合一保健康

　　在從內外兩個方面認識人體的過程中，古人發現了人體當中有推動生命運轉的動力，這個動力就是這團元氣的循環。元氣開始循環有一定的規律和軌跡，這個軌跡有任督二脈，分陰陽兩大部分，一呼一吸脈行六寸，一呼三寸，一吸

三寸,在身體內一晝夜三千零六百吸。

人與宇宙的自然規律是客觀存在的。醫理也揭示了人和宇宙運轉的規律,在理論上古人提出來天人合一論,人和宇宙中的萬類萬物是同步的。在現實生活裡人和宇宙同步,人們逐漸認識了宇宙。在現實生活上古人留下了浩瀚的經典,告訴人們如何保健自我。

「壽而康」,宇宙的運轉,體現在自身中運轉形成了人的生命,人的一生。怎樣把握人的壽命,「天行健,壽而康」,給人們提出強身健體,享盡天年。

四、醫家的享盡天年

「天行健,壽而康」是中醫養生學的核心原則與精深之法。養生學是一門很複雜的學問,國外學者提出哺乳動物的個體壽命為生長期的 5～7 倍,人體發育期為 25 年,那麼,人的自然壽命應為 125～175 歲。人由正確的養生方法,達到了自然壽命,無疾而終,則稱之為「享盡天年」。這番論述在古老的醫經《黃帝內經·素問》中早已形成了系統。

【《黃帝內經》原文】 ……昔在黃帝,生而神靈,弱而能言,幼而徇齊,長而敦敏,成而登天。

【釋文】 古代的軒轅黃帝,生來就很聰明,幼小時就善於言辭,少年時(對事物理解)就很敏捷,長大以後,敦厚淳樸又勤奮努力,到了成年就登上了天子之位。

【《黃帝內經》原文】 乃問於天師曰:餘聞上古之人,春秋皆度百歲,而動作不衰;今時之人,年半百而動作皆衰者,時世異耶?人將失之耶?

【釋文】 黃帝向歧伯問道:我聽說上古時代的人,他

們年齡都能超過百歲，但動作不顯得衰老。現在的人，年齡到了五十歲，動作就顯出衰老了。這是由於時代環境的不同呢，還是由於人們不注意養生的方法造成的呢？

【《黃帝內經》原文】　伯對曰：「上古之人，其知道者，法於陰陽，（和）（知）於術數，食飲有節，起居有常，不妄作勞，故能形與神俱，而盡終其天年，度百歲乃去。今時之人不然也，以酒為漿，以（妄）（安）為常，醉以入房，以欲竭其精，以耗散其真，不知持滿，不時御神，務快其心，逆於生樂，起居無節，故半百而衰也。

【釋文】　歧伯回答說：「上古時代的人，他們大都懂得養生的道理，效法天地變化的規律，知道調養精氣的方法，飲食有一定節制，起居有一定規律，不過分操勞，所以形體和精神能夠相互協調一致，能活到最終的自然壽命，度過百歲才離開人世。

現在的人就不是這樣，把酒當作水漿那樣貪飲無底，習慣於好逸惡勞，酒醉後還肆行房事，縱情色慾，以致精氣竭盡，真氣耗散。不知道保持精氣的充沛，不明白節省精神的道理，只追求一時之快，違背了養生的真正樂趣，起居沒有一定的規律，所以五十歲左右便衰老了。

【《黃帝內經》原文】　夫上古聖人之教也，下皆為之，虛邪賊風，避之有時，恬淡虛無，真氣人之，精神內守，病安從來。是以志閑而少欲，心安面晃懼，形勞而不倦，氣從以順，各從其欲，皆得所願。故美其食，任其服，樂其俗，高下不相慕，其民故（曰）樸。是以嗜欲不能勞其目，淫邪不能惑其心，愚智賢不肖不懼於物，故合於道，所以能年皆度百歲而動作不衰者，以其德全不危（故）也。

【釋文】　在上古時代，對深明養生之道、有高尚品德之人的教誨，人們都能夠遵從。對於四時不正之氣，能夠適時回避，同時思想上清靜安閑，無慾無求，真氣深藏，精神守持於內而不耗散，這樣，疾病從哪裡來呢？所以他們心志安閑，慾望很少，心境安定，沒有恐懼。雖然經常勞動，但不致過分疲勞，真氣從容而順調，每個人對自己的希望和要求，都能達到滿意，吃什麼都覺得甘美，穿什麼都覺得舒服，對於世上習俗也感到安樂，互相之間不羨慕地位的高低，人們都自然樸實。所以不正當的嗜好，不會干擾他的視聽，淫亂邪說也不會惑亂他的心志。無論愚笨的、聰明的、有才能的，還是能力差的，不尋求酒色等身外之物，這就合於養生之道。所以他們都能夠度過百歲而動作還不顯得衰老，這都是因為他們的養生之道完備而無偏頗的緣故啊。

【《黃帝內經》原文】　帝曰：有其年已老而有子者何也？歧伯曰：此其天壽過度，氣脈常通，而腎氣有餘也。此雖有子，男不過盡八八，女不過盡七七，而天地之精氣皆竭矣。

【釋文】　黃帝問道：有人年紀已老，還能再生子女，這是什麼道理？歧伯說：這是因為他的先天稟賦超過了一般的人，氣血經脈經常暢通。這種人雖然能夠生育，但在一般情況下，男子不超過六十四歲，女子不超過四十九歲，到這個歲數男女的精氣都竭盡了。

【《黃帝內經》原文】　帝曰：夫道者年皆百數，能有子乎？歧伯曰：夫道者能卻老而全形，身年雖壽，能生子也。

【釋文】　黃帝問：善於養生的人，年紀達到百歲，能

不能有生育能力呢？歧伯說：善於養生的人，能夠推遲衰老，沒有齒落、面焦、髮白、身重、行步不正等現象，所以即便年壽很高，仍然有生育能力。

【《黃帝內經》原文】　黃帝曰：余聞上古有真人者，提挈天地，把握陰陽，呼吸精氣，獨立守神，肌肉若一，故能壽敝天地，無有終時，此其道生。

【釋文】　黃帝說：我聽說上古時代有一種人叫做真人，他能把握住自然的變化，掌握陰陽消長的規律，吐故納新以養精氣，超然獨立，精神內守，使他的身體，好像和精神結合為一，所以壽命就與天地相當，沒有終了的時候，這就是「與道俱生」的說法。

【《黃帝內經》原文】　中古之時，有至人者，淳德全道，和於陰陽，調於四時，去世離俗，積精全神，遊行天地之間，視聽八達之處，此蓋其壽命而強者也，亦歸於真人。

【釋文】　中古時代有一種人叫至人，他有淳樸的道德，完備的養生方法，能夠符合於陰陽的變化，適應四時氣候的遞遷，避開世俗的紛雜，聚精會神，悠遊於天地之間，所見所聞，能夠廣及八方荒遠之外，這就是他延長壽命而使身體強健的方法。這種人也屬於真人之類。

【《黃帝內經》原文】　其次有聖人者，處天地之和，從八風之理，適嗜欲，於世俗之間，無恚嗔之心，行不欲離於世，被服章，舉不欲觀於俗，外不勞形於事，內無思想之患，以恬愉為務，以自得為功，形體不敝，精神不散，亦可以百數。

【釋文】　其次有叫做聖人的，能夠安處於天地的平和之中，順從著八風的變化規律，使自己的愛好適於一般習

慣。在處世當中，從來不發怒生氣，行為並不脫離社會，但一切舉動又不仿效俗習。在外的形體不使它被事務所勞，在內的思想不使它有過重負擔，以無所愛憎為本務，以悠然自得為目的，所以他的形體毫不衰老，精神也不耗散，年壽就可以達到一百多歲。

【《黃帝內經》原文】　其次有賢人者，法則天地，象似日月，辨列星辰，逆從陰陽，分別四時，將從上古合同於道，亦可使益壽而有極時。

【釋文】　其次叫做賢人的，能效法天地的變化，取象日月的升降，分列星辰的位置，順從陰陽的消長，根據四時氣候的變遷來調養身體。他是要追隨著上古真人，以求符合於養生之道。這樣，也可以延長壽命到最近自然壽命的時候。

【講解】　上古天真論篇為《黃帝內經・素問》之首，基於「上工治未病」之理，是說真正高深的醫學是研究如何才能使人「享盡天年」，達到自己自然壽命之極限。因為治病只是救補時弊於一時，對於保護人體健康來講已是處於被動的地位。而作為維護人體健康長壽，使人生活得更加幸福而言，人應該更加積極主動去努力，透過正確的養生方法使人「壽而康」，在健康的基礎上，進一步使人長壽，返璞歸真，而享盡天年。

上古聖人在養生學上的成就也是從宇宙和自然中得到啟發，由天垂之象而感悟，從而「法於陰陽，和於術數，食飲有節，起居有常，不妄作勞」及「虛邪賊風，避之有時，恬淡虛無，真氣從之，精神內守，病安從來」，與「天行健」的道理相吻合，返璞歸真，還原太虛而達養生之臻境。

古人將養生之境界分為四種層次：真人、至人、聖人和賢人。能夠提挈天地，與自然完全統一，把握陰陽，神會人與自然之屬性，在養生上達到妙境者為真人；能夠修德而返道，積極努力地使自己與大自然完全統一，深諳人與自然之屬性，在養生上進入臻境為至人；能夠順應自然之規律而養生者為聖人；能夠效法大自然的運化，如日月經天一樣有序，順從陰陽升降的變化而養生者為賢人。這四種層次，均屬養生之大成，係後人養生之楷模。

五、起居有時　順應自然

【《黃帝內經》原文】　春三月，此謂發陳，天地俱生，萬物以榮，夜臥早起，廣步於庭，被髮緩形，以使志生，生而勿殺，予而勿奪，賞而勿罰，此春氣之應，養生之道也。逆之則傷肝，夏為寒變，奉長者少。

【釋文】　春季的三個月，是萬物復蘇的季節，大自然生機發動，草木欣欣向榮。為適應這種環境，人們應當夜臥早起，在庭院裡散步，披開束髮，舒緩形體，以便使神志隨著生發之氣而舒暢。順應生發之氣的神志活動，才與春陽之氣相適應，這就是春天的養生方法，違背了這個方法，就會傷肝。到了夏天，就要發生寒變疾病，這是由於春天生養的基礎差，供給夏天生長的條件也就差了。

【《黃帝內經》原文】　夏三月，此謂蕃秀。天地氣交，萬物華實。夜臥早起，無厭於日，使志無怒，使華英成秀，使氣得泄，若所愛在外，此夏氣之應，養長之道也。逆之則傷心，秋為痎瘧，奉收者少（冬至重病）。

【釋文】　夏季的三個月，是草木繁茂秀美的季節。大

自然中陰陽之氣上下交通結合，各種草木開花結果。為適應這種環境，人們應該夜臥早起，不要厭惡白天太長，要使心中沒有鬱怒，容色顯得秀美，並使腠理宣通，夏氣疏泄，精神飽滿地與外界相適應，這就是適應夏天「長養」的道理。如果違反了這個道理，會損傷心氣，到了秋天就會患瘧疾。這是因為夏天長養的基礎差，供給秋天收斂的能力也就差了。

【《黃帝內經》原文】　秋三月，此謂容平。天氣以急，地氣以明。早臥早起，與雞俱興，使志安寧，以緩秋形，收斂神氣，使秋氣平，無外其志，使肺氣清，此秋氣之應，養收之道也。逆之則傷肺，冬為飧泄，奉藏者少。

【釋文】　秋季三個月，是草木自然成熟的季節。天氣勁急，地氣清明。在這個季節，人們應當早臥早起，和雞活動時間相仿，使意志保持安定，從而舒緩形體。但是，怎樣使意志保持安定呢？主要是精神內守，不急不躁，使秋天肅殺之氣得以平和，不使意志外馳，使肺氣勻整。這就是適應秋天收養的道理。如果違背了這個方法，會損傷肺氣。到了冬天就要生飧泄病，這是因為秋天收養的基礎差，供給冬天潛藏之氣的能力也就差了。

【《黃帝內經》原文】　冬三月，此謂閉藏。水冰地坼，無擾乎陽。早臥晚起，必待日光，使志若伏若匿，若有私意，若已有得，去寒就溫，無泄皮膚，使氣亟奪，此冬氣之應，養藏之道也。逆之則傷腎，春為痿厥，奉生者少。

【釋文】　冬季的三個月，是萬物生機潛伏閉藏的季節。寒涼的天氣，使水結冰，地凍裂。這時不要擾動陽氣，應該早睡晚起，一定等到太陽顯露時再起床。使意志如

伏似藏，好像心裡很充實，又好像已經得到滿足。還必須避開寒涼，接近溫暖，不要讓皮膚開泄出汗，使陽氣藏而不泄。這就是適應冬天藏伏的道理。如果違反了這個道理，會損傷腎氣，到了春天，就要得痿厥病了。這是為什麼呢？這是因為冬天閉藏的基礎差，供給春季生養的能力也就差了。

【講解】　四氣調神，是指人於四季中應該如何去養生。自然有規律的運化，形成了春生、夏長、秋收、冬藏的特點。所以，人在養生的時候，要與大自然相合，「法則天地，分別四時」，於春季養生中順應其生發之氣，於夏季養生中順應其長養之理，於秋季時順應其養收之道，於冬季時順應其養藏之理。所以，聖人教人養生要起居有時，順應大自然的變化，春夏養陽以生發而養長，秋冬養陰以收斂而固藏。

六、生氣通天論篇第三

【《黃帝內經》原文】　黃帝曰：夫自古通天者生之本，本於陰陽。天地之間，六合之內，其氣九州（九竅）、五藏、十二節，皆通乎天氣。其生五，其氣三，數犯此者，則邪氣傷人，引壽命之本也。

【釋文】　黃帝說：自古以來認為人的生命活動與自然界的變化是息息相通的，這是生命的根本。再進一步說，生命的根本在於陰陽。在天地之間，四時之內，無論是人的九竅、五臟，還是十二節，都是和自然之氣相通的。陰陽化生五行之氣，陰陽與天地人相關。如果經常違反陰陽變化規律，那麼邪氣就會傷害人體，因此說陰陽是壽命的根本。

【《黃帝內經》原文】　蒼天之氣，清淨則志意治，順

之則陽氣固，雖有賊邪，弗能害也（此因時之序）。故聖人傳精神，服天氣而通神明，失之則內閉九竅，外壅肌肉，衛氣散解，此謂自傷，氣之削也。

【釋文】　由於人的生氣與天相通，所以蒼天之氣清淨，人的意志就平和。順應了這個道理，能使人體陽氣固密，即使有賊風邪氣，也不能侵害人體。所以善於養生的人，能夠專一精神，運行陽氣，而通陰陽的變化。如果不是這樣，就會內使九竅不通，外使肌肉壅塞，陽氣耗散，這就叫做自己造成的傷害，而使陽氣受到削弱。

【《黃帝內經》原文】　陽氣者若天與日，失其所，則折壽而不彰，故天運當以日光明，日故陽因而上衛外者也。

【釋文】　人體有陽氣，像天上有太陽一樣。太陽不能正常運行，萬物就不能生存；人體的陽氣不能正常運行，就會縮短壽命而不能生長壯大。所以說天的運行不息，是借太陽的光明，人體的健康無病，是賴輕清上浮的陽氣保衛。

【講解】　「生氣通天」，生氣係指人的生命活動。天是指大自然，「生氣通天係系指人的生命活動要與大自然的運化相統一，同時也是指人身中的元氣與宇宙裡的太和之氣相通。宇宙中的元氣在運化的過程中，天陽下降，地氣升騰，陰升陽降，陰陽交感而孕化了人的生命。人由一團元氣判化，恰如自然界一樣，清陽上升，濁陰下降，形成了特有的通道，即為任脈與督脈。任脈與督脈繼續分化，一生二，二生三，分化成十二正經。人體透過經絡為通道，穴位為窗口與宇宙的太和之氣相通，似是水流，經井、榮、輸、經、合，像泉水從井出來，流出去，經氣愈來愈壯大，最後匯合到五臟六腑的大海裡，使人的元氣與宇宙的太和之氣緊密地

聯繫在一起。

【《黃帝內經》原文】 凡陰陽之要，陽密乃固，兩者不和，若春無秋，若冬無夏，因而和之，是謂聖度。故陽強不能密，陰氣乃絕，陰平陽秘，精神乃治，陰陽離決，精氣乃絕。

【釋文】 大凡陰陽的關鍵，在於陽氣固密於外，陰氣才能固守於內。如果陰陽偏勝，失去平衡協調，就好像一年之中，只有春天而沒有秋天，只有冬天而沒有夏天一樣。因此，使陰陽調和是最好的養生方法。如果陽氣過於亢盛，不能固密，那陰氣就要虧耗而衰竭；陰氣平和，陽氣固密，精神就會旺盛；如果陰陽分離而不相交，那精氣也就隨之而竭盡了。古人在觀察與體悟人與自然的屬性中，認識到了萬物生長靠太陽之理，提出了陽氣對生命的至關重要的論點，認識到陽氣衛外固密的功能是維持人體陰陽平和，「陰平陽秘」的關鍵。

【講解】 「天行健」：人來自於宇宙，有著與宇宙一樣的共同屬性。宇宙天體的運轉，無不震動著人的生命。宇宙有宇宙的運轉規律，人作為小宇宙，也有小宇宙的運轉規律，二者的聯繫對於我們生命的意義是深刻的。

《周易》是古人描述宇宙萬物生「化」的規律與過程，並且用卦象 64 種，及其組成共 384 爻來表示。人追求如何長生，自然深入探求永恆的宇宙運轉之理。「易」解為簡易，變易、不易。《周易》曰：「天行健，君子以自強不息。」說的是天是宇宙當中最大的陽，並以乾卦來定天的性質，或者說天取象於乾，乾為天。天對萬物來說，有天地然後有萬物，對卦象來說先是乾卦，然後產生其他諸卦。分析

乾卦，即可知道，從初九潛龍到九五飛龍在天，乾卦之六爻用龍來喻示，可以像潛龍一樣積聚力量而不發，可以像飛龍在天一樣升騰奔發而勢不可擋。乾卦之六爻變化，是因時而成，隨時而順，時當潛則潛，當飛則飛，各得其所，合乎規律。故孔子贊乾之偉大曰：「在哉乾乎，則健中正，純粹精力」。

在《修真圖》中，將乾卦喻人的純陽之氣，說人由修持而達純陽之體，恢復先天狀態。人身中的先天元氣又稱為人的先天祖氣，為人的生命內在動力，周流不息，使人達到理想的健康狀態。「天行健」，為宇宙當中有生生不息的力量，推動著宇宙萬物生生化化，按其不可更改的規律運動。順四時而交替，如晝夜更迭，無有休歇，既不快也不慢，故云「天行健」。人為萬物之靈，天體的運動無不震動著人的生命，故聖人提出道法自然，人的內在生命軌跡，當效法「天行健」之軌道，感應宇宙力量後方能健全自我，達到自強而不息，剛健而中正。在宗風脈持當中，練氣修脈而形成元氣在體內的循經，內功丹法中又稱「太乙循經」，是自我修為合於宇宙日月經天，而達天行健之典範。

人不違背自然規律，天人合一論，逐漸重新被人們所理解。

【《黃帝內經》原文】 歧伯曰：女子七歲，腎氣盛，齒更髮長。二七而天癸至，任脈通，太沖脈盛，月事以時下，故有子。三七，腎氣平均，故真牙生而長極。四七，筋骨堅，髮長極，身體盛壯。五七，陽明脈衰，面始焦，髮始墮。六七，三陽脈衰於上，面皆焦，髮始白。七七，任脈虛，太衝脈衰少，天癸竭，地道不通，故形壞而無子也。

【釋文】　歧伯回答說：（按一般生理過程來講）女子到了七歲，腎氣就充盛，牙齒更換，毛髮生長。到了十四歲時，天癸發育成熟，任脈通暢，沖脈旺盛，月經按時而行，所以能夠生育。到了二十一歲，腎氣平和，智齒生長，身高也長到最高點。到了二十八歲，筋骨堅強，毛髮長到了極點，身體非常強壯。到了三十五歲，陽明經脈衰微，面部開始枯槁，頭髮變白。到了四十九歲，任脈空虛，沖脈衰微，天癸枯竭，月經斷絕，所以形體衰老，不能再生育了。

【《黃帝內經》原文】　丈夫八歲，腎氣實，髮長齒更。二八，腎氣盛，天癸至，精氣溢（瀉），陰陽和，故能有子。三八，腎氣平均，筋骨勁強，故真牙生而長極。四八，筋骨隆盛，肌肉滿壯。五八，腎氣衰，髮墮齒槁。六八，陽氣衰竭於上，面焦，髮鬢斑白。七八，肝氣衰，筋不能動，八八天癸竭，精少，腎臟衰，則齒髮去（形體皆極）。腎（者）主水，受五臟六腑之精而藏之，故（五臟）臟腑盛，乃能演。今五臟皆衰，筋骨解墮，天癸盡矣。故髮鬢白，身體重，行步不正，而無子耳。

【釋文】　男子八歲時，腎氣盛，頭髮長長，牙齒更換。到了十六歲時，天癸發育成熟，精氣充沛，男女交合，所以有子。到了二十四歲，腎氣平合，筋骨堅強，智齒生長，身高也長得夠高了。到了三十二歲，筋骨粗壯，肌肉充實。到了四十歲腎氣衰退下來，頭髮初脫，牙齒乾枯。到了四十八歲，人體上部陽明經氣衰竭了，面色憔悴，髮鬢變白。到了五十六歲，肝氣衰，筋脈遲滯，因而導致手足運動不靈活了。到了六十四歲，天癸枯竭，精氣少，腎臟衰，齒髮脫落，為病所苦。人身的腎臟主水，它接受五臟六腑的精

華以後貯存在裡面。所以臟腑旺盛，腎臟才有精氣排泄。現在年歲大了，五臟皆衰，筋骨無力，天癸竭盡，所以頭髮斑白，身體沉重，行步不正，不能再生育子女了。

　　【講解】從《素問・上古天真論》的分類中，可歸納為以下七七八八配屬人生表。

七七八八配屬人生表

女子

年齡	生理特點	生命表現
7	腎氣盛，齒更髮長	
27	天癸至，任脈通，太衝脈盛，月事以時下	有子
37	腎氣平均，故真張生而長級	
47	筋骨堅，髮長極，身體盛壯	
57	陽明脈衰，面始焦，髮始墮	
67	三陽脈衰於上，面始焦，髮始白	
77	任脈虛，太衝脈衰少，天癸竭，地道不通	形壞無子

男子

年齡	生理特點	生命表現
8	腎氣實，髮長齒更	
28	腎氣盛，天癸至，精氣溢瀉，陰陽和	有子
38	腎氣平均，筋骨勁強，真牙生而長極	
48	筋骨隆盛，肌肉滿壯	
58	腎氣衰，髮墮齒槁	
68	陽氣衰竭於上，面焦，髮鬢斑白	
78	肝氣衰，筋不能動天癸竭，精少，腎臟衰	
88	齒髮去。五臟皆衰，筋骨解墮，天癸盡，髮鬢白，身體重，行，行步不正	無子

另外的一種分類方法是《靈樞·天年》篇的分類，是以十歲為一個生命階段，同樣說明了元氣的推動作用。

《靈樞》百歲天年配屬人生表

年齡	生理特點	生命表現
10	五臟始定，血氣已通，其氣在下	好走
20	血氣始盛，肌肉方長	好趨
30	五臟大定，肌肉堅固，血脈盛滿	好步
40	五臟六腑，十二經脈，皆大盛平定	好坐
50	肝氣始弱，肝葉始薄，膽汁始惰，心氣始衰，血氣懈惰	目始不明
60	脾氣虛	好臥
70	肺氣衰，四臟經脈空虛	皮膚枯
80	腎氣焦，四臟經脈空虛	言善誤
90	五臟皆虛，神氣皆去	形骸獨居而終
100		

而對於元氣增減進行定量描述的則是十二辟卦配屬人生圖表。（284頁）

十二辟卦又稱為十二消息卦，陽長為消，陰長為息，反映了陰陽消長的變化過程。以此來配屬人的生命過程，體現了生命由生到壯、由壯到衰、由衰到死的客觀規律。為了表達得更加明確，古人用銖來表示元氣的多少，生長則加，衰老則減。而人之生時就含有父母之祖氣二十四銖，累計到十六歲乾卦之時，為三百八十銖，為一斤之數，之後則歲減八銖，卦減六十四銖，減至為零，人則終矣。從卦而言，人生從全陰之坤卦開始，這時為沒有生命。有了生命，也就有了

表　十二辟卦配屬人生圖表

年　　齡	十二辟卦	元氣多少
生～一歲	坤卦	加六十四銖元氣
一歲～二歲三個月	复卦	加六十四銖元氣
二歲三個月～五歲四個月	臨卦	加六十四銖元氣
五歲四個月～八歲	泰卦	加六十四銖元氣
八歲～十三歲四個月	夬卦	加六十四銖元氣
十三歲四個月～十六歲	乾卦	加六十四銖元氣
十六歲～二十四歲	姤卦	減六十四銖元氣
二十四歲～三十二歲	遁卦	減六十四銖元氣
三十二歲～四十六歲	否卦	減六十四銖元氣
四十六歲～五十六歲	觀卦	減六十四銖元氣
五十六歲～六十四歲	剝卦	減六十四銖元氣

陽氣，在卦則是復卦，後經臨卦，到陰陽各半的泰卦，至此則意味著生命力的旺盛。後經大壯夬卦，而達六陽含陰的乾卦，至此呈現出生命力的極盛。之後，陽氣漸衰，陰氣漸，進入姤卦、遁卦、否卦。否卦亦是陰陽各半，但陽氣在上，陰氣在下，陰陽閉塞而不通，到此則意味著生命力的衰弱。後經觀卦、剝卦，說明陽氣微小，行將湮滅，表示人的生命即將完結而進入無命無陽之坤卦，至此人生一世結束（《中國八卦醫學》）。

七、藥膳與養生

【《黃帝內經》原文】　食氣入胃，散精於肝，淫氣於筋。食氣入胃，濁氣歸心，淫精於脈。脈氣流經，經氣歸於

肺，肺朝百脈，輸精於皮毛。（毛）脈合精，行氣於腑。腑精神明，留於四臟。氣歸於權衡，權衡以平，氣口成寸，以決死生。

【釋文】 食物進入胃裡，經過消化，一部分精微輸散到肝臟，濡潤著周身的筋絡；另一部分穀氣注入到胃，化生精微之氣，注入於心，再浸淫到血脈裡去。脈氣流行在經絡裡，而上歸於肺，肺在會合百脈以後，就把精氣輸送到皮毛。脈與精氣相合，流注到六腑裡去，六腑的津液，又流注於心、肝、脾、腎。但精氣的散布，還是要歸於肺，而肺臟的情況，是從氣口的脈象上表現出來的，疾病是否可治，就是根據這個判斷的。

【《黃帝內經》原文】 飲入於胃，游溢精氣，上輸於脾。脾氣散精，上歸於肺，通調水道，下輸膀胱。水精四布，五經並行，合於四時五臟陰陽揆度，以為常也。

【釋文】 水進入胃裡，放散精氣，上行輸送到脾臟；脾臟散布精華，又向上輸送到肺；肺氣通調水道，又下行輸入到膀胱。這樣，氣化水行，散布於周身皮毛，流行在五臟經脈裡，符合於四時五臟陰陽動靜的變化，就是經脈的正常現象。

【講解】 以上兩段論述了飲食是如何通過三焦氣化而溫養人的肢骸和精神，使先天元氣得到滋養的過程。三焦是元氣之別使，是元氣運行於周身的通道，氣化是水穀的化生、變化，有氣方有化。《素問·天元紀大論》曰「物生，謂之化」「物極，謂之變」「陰陽不測，謂之神」。《素問·六微旨大論》曰：「何謂氣交？……上下之位，氣交之中，人之居也。」「升降出入，無器不有。」「故無不出

入，無不升降。」《素問·刺禁論》：「肝生於左，肺藏於右，心部於表，腎治於裡，脾為之使，胃為之市。」即肝氣行於左，肺氣行於右，心氣行於表，腎氣行於裡，是中醫臟氣升降的縮影。

腎水屬坎水（腎陰），內蘊坎陽（腎陽），在腎間動氣（命火）的發動下，坎中一陽溫升。其中腎陽暖土煦木，腎陰涵養肝木之升發。在中土樞軸的轉動下，肝脾溫升，肺胃涼降。心火屬火（內含心陰），心陰下蔭，戊土得潤，胃土和降。心陽下煦，肺金不涼。始能順降。如此，在腎陽命火的發動下，中土樞軸轉動，肝脾溫升而心肺涼降，共同完成臟腑的升降功能，從而完成人體的氣血升降運動（《周易與中醫學》）。

古人認識到了人需要水穀滋養先天元氣之過程，同時也深入地探討如何去組建合理的飲食結構，如《素問·臟氣法時論》說：「毒藥攻邪，五穀為養，五果為助，五畜為益，五菜為充，氣味合而服之，以補精益氣。」極力主張藥、穀、果、畜、菜配合以治病養生。中國的藥膳學是在藥食的理論基礎上輔以佐料而成的學問，具藥療、營養、美味於一體，別具風格，對人類的保健有著良好作用。

八、日月經天循丹體

日月經天形成了四季，形成了春夏秋冬，農民所說春種、夏長、秋收、冬藏，人體有氣化有循經氣血。人與宇宙的同步——人天合一，在醫學理論上起了不可磨滅的作用。

人的經絡如何與日月經天相共振呢？宇宙天體按照其固有軌道運行，有公轉與自轉。人的元氣循經，也有縱為經，

橫為絡，如環無端的循環。老子提出道法自然，人的氣血循經如何與宇宙日月經天相共振，如何合於天行健的軌道，在宗風脈傳當中把握著這種合於人天的途徑。「大氣流我」，是實現了由修持人的真元之氣達到氣化循經。宇宙的生成由遠古一團元氣，一片虛無的物象，「太虛呈象」經過震動而進入「太虛生形」，從而有一氣分陰陽，陰陽交感而產生了萬物。日月成為宇宙的陰陽，地上的陰陽為水火。人的陰陽為任督二脈。宗風的修習，是首先讓人在後天當中啟動先天的本能，放下塵念，神光寂然觀照自我，思想意識上回到先天陰陽未判太虛境界。繼而有諸種煉氣修脈的專修，實現元氣的公轉與自轉。在內功丹法術語中稱為「太乙循經」。太乙是宇宙法中最大與最小的陰陽流變，意指人體裡諸多的氣血循環，以達到陰陽交注，使生命臻於完善。

　　人生命的內律與時間有關。《醫宗金鑒》言：「每日寅時起肺經，卯時流入大腸中」。在每日寅時，宇宙當中金氣最盛，人體當中氣脈流注入手太陰肺經，繼之卯時至足太陽膀胱經。宗風脈持以奪天地之造化，用武當內功小煉形，金鋒抖肘一式，實現金氣的運轉。金鋒抖肘譜文曰：

　　　　「天心地軸隱金風，道妙循環十二經，

　　　　　上通太陽起大指，滾轉前臂裹金風，

　　　　　金氣長徹太乙道，真元久固紫微宮。」

　　小煉形練習，首先啟動肺經。中醫認為肺屬金，肺主平衡，肺在五臟最上面，肺為五臟之華蓋。雙手前穿後抖，雙掌上下陰陽轉換，完成了手三陰手三陽的氣脈運轉。氣機的深化使金氣的交注與手太陰肺經相表裡的足太陰脾經的足大趾端形成金氣周天打下基礎。寅時操練，對氣脈調整，如順

水行舟。又如宗風中的先天太極拳，每一式的固定路線在舉手投足間實現對氣脈的調整。

修真十四論中也有「周天大道常如軌」，「十二正經規如常」之學術論述，意為將氣血循經修持與宇宙日月經天的同步調整得如手表一樣精確。就是這樣，先賢法祖用脈傳的文化描繪的正是人類如何走向更加完美，更加偉大的路。

在實際生活當中，知道了四季的變化與人體的聯繫，例如春天木旺火相，木在身體當中代表肝，經典當中說：諸痛責於肝，任何痛盡來於肝臟，金屬火，肝屬木，緊密相關，人身臟源的循環（臟液），肝生血，行之於心，心臟裡邊的血來源於肝，這些過程是五臟生態影響人身體狀況的表現，如果掌握了就利於身體的健康長壽。

九、藏象五行理論

《黃帝內經》藏象學說，包括天象、物象及藏象。尤其把天象、物象及藏象合而為一，是對藏象學說的重要發展。如《素問·六節藏象論》曰，「心者，生之本，神之變也，其華在面，其充在血脈，為陽口之太陽，通於夏氣」「各以氣命其藏」。即言人體藏象與四時氣候是相應的。如夏火合心，春木合肝，長夏合脾土，秋金合肺，冬水合腎是也。又《素問·陰陽應象大論》曰：「東方生風，風生木，木生酸，酸生肝，肝生筋，筋生心，肝主目。其在天為玄，在人為道，在地為化，化生五味。道生智，玄生神，神在天為風，在地為木，在體為筋，在藏為肝，在色為蒼，在音為角，在聲為呼，在變動為握，在竅為目，在味為酸，在志為怒。怒傷肝，悲勝怒；風傷筋，燥勝風；酸傷筋，辛勝

酸。」皆說明《內經》藏象學說把天象、地象、人象作了三合一，並將陰陽五行貫穿於其中，是人與天地相應的整體觀的精華。為中醫內外相應、以外揣內的診斷特色奠定了理論基礎。

中醫藏象學說，不僅重視象形，而且重視象神，並將形、神合為一體。如《素問·宣明五氣篇》曰：「五藏所藏，心藏神，肺藏魄，脾藏意，腎藏志」，即言五神藏於五藏的神藏合一觀點。

此外，中醫藏象學說在易理的啟迪下發展了《周易》的法象。如《素問·五臟生成篇》曰：「五藏之象，可以類推。」《靈樞·外揣》曰「以外揣內」，說明了中醫藏象學說是黑箱理論的典型。

【《黃帝內經》原文】　黃帝問曰：願聞十二臟之相使，貴賤何如？歧伯對曰：悉乎哉問也，請遂言之。心者，君主之官也，神明出焉。肺者，相傳之官，治節出焉。肝者，將軍之官，謀慮出焉。膽者，中正之官，決斷出焉。膻中者，臣使之官，喜樂出焉。脾胃者，倉廩之官，五味出焉。大腸者，傳道之官，變化出焉。小腸者，受盛之官，化物出焉。腎者，作強之官，伎巧出焉。三焦者，決瀆之官，水道出焉。膀胱者，州都之官，津液藏焉，氣化則能出矣。凡此十二官者，不得相失也。故主明則下安，以此養生則壽，歿世不殆，以為天下則大昌。主不明則十二官危，使道閉塞而不通，形乃大傷，以此養生則殃，以為天下者，其宗大危，戒之戒之！

【釋文】　黃帝說：我希望聽你講一下十二臟器在人體內的相互作用，有無主從的區別？歧伯答說：你問得真詳細

啊，我盡量說一下吧。在人體內，心的重要性就好比君主，人們的聰明智慧都是從心生出來的。肺好像是宰相，主一身之氣，人體內外上下的活動，都需要它來調節。肝譬如將軍，謀慮是從它那兒來的。膽是清虛的臟器，具有決斷的能力。膻中像個內臣，君主的喜樂，都由它透露。脾胃受納水穀，好像倉庫，五味化作人體的營養，是由它那兒產生的。大腸主管輸送，食物的消化、吸收、排泄過程是在它那兒最後完成的。小腸的功能，是接受脾胃已消化的食物後，進一步起到分化作用。腎是精力的源泉，能產生出智慧和技巧來。三焦主疏通水液，周身行水的道路，是由它管理。膀胱是水液聚會的地方，經過氣化作用，才能把尿排出體外。以上十二臟器的作用，不能失去協調。

當然，君是最主要的。君如果得力，下邊就能相安。這是根本的道理。如果依據這個道理來養生，就能長壽，終身不致有嚴重的疾病。如果根據這個道理來治天下，國家就會非常昌盛。反之，如果君不得力，那麼十二官就成問題了。而各個臟器的活動一旦失去聯繫。形體就會受到傷害。對於養生來說，這樣是很不好的。對於治國來說，這樣做，國家就有敗亡的危險。

【講解】 臟即深藏於人體之中的臟腑器官，象即內臟器官功能在人體外部的表現，所謂臟象，亦即通過人體的外部表現來推導出人體內部的運動規律。《素問·陰陽應象大論》說：「上古聖人，論理人形，列別臟腑，端絡經脈，會通六合，各從其經，氣穴所發，各有處名，谿谷屬骨，皆有所起，分部逆從，各有條理，四時陰陽，盡有經紀，外內之應，皆有表裡。」這就是說人體的臟腑功能會通六合，生氣

通天，與四時陰陽變化相關相應。我們通常所採用的方法，是《靈樞‧本臟》所說的：「視其外應，以知其內臟。」也是現代控制論所指的黑箱理論及功能模擬方法。

臟是指人體的五臟六腑以及奇恆之府等內臟器官。五臟，包括肝、心（心包絡）、脾、肺、腎五個器官。六腑，包括膽、胃、小腸、大腸、膀胱、三焦六個器官。奇恆之府包括膽、腦、髓、骨、脈、女子胞六個器官。

五臟的特點是藏而不瀉。《素問‧五臟別論》說：「所謂五臟者，藏精氣而不瀉也，故滿而不能實。」《靈樞‧本臟》又說：「五臟者，所以藏精、神、血、氣、魂、魄者也。」五臟的功能是貯藏精氣的。臟者，藏也。

六腑的特點是傳而不藏。《素問‧五臟別論》說：「六腑者，傳化物而不藏，故實而不能滿也。」六腑的功能是出納轉輸，傳化水穀，排泄糟粕。腑者，府也。

奇恆之府的特點是兩者兼有。《素問‧五臟別論》說：「腦、髓、骨、脈、膽、女子胞，此六者地氣之所生也，皆藏於陰而象於地，故藏而不瀉，名曰奇恆之府。」奇為不同，恆是正常，其意即不同於正常的六府。因為奇恆之府屬陰，又藏而不瀉，有臟的特點。但奇恆之府其名為腑，又有腑的稱謂。

八卦配屬臟腑，即可以卦理來分析說明自然界與人體臟腑之間的生理和病理相關關係。臟與臟之間，臟與腑之間，臟腑與肢節之間，構成了非常複雜的相關制約關係，而這些關係無不是以五臟為中心。

《素問‧六節臟象論》說：

「心者，生之本，神之變也，其華在面，其充在血

脈，為陽中之太陽，通於夏氣。

肺者，氣之本，魄之處也。其華在毛，其充在皮，為陽中之太陰，通於秋氣。

腎者，主蟄，卦藏之本，精之處也。其華在髮，其充在骨，為陰中之少陰，通於冬氣。

肝者，罷極之本，魂之居也。其華在爪，其充在筋，以生血氣，其味酸，其色蒼，此為陰中之少陽，通於春氣。

脾、胃、大腸、小腸、三焦、膀胱者，倉廩之本，營之居也。名曰器，能化糟粕，傳味而入出者也。其華在唇四白，其充在肌，其味甘，其色黃，此至陰之類，通於土氣。

凡十一臟，取決於膽也。」

這是以四象來配屬五臟四季五行（《中國八卦醫學》）。

五行就是木、火、土、金、水。中國古代認為，木火土金水是構成宇宙萬物的一種基礎物質，並由太極陰陽變化而來。張景岳說：「其實元初，只一太極，一分為二，二分為四。天得一個四，地得一個四，又各有一個太極行乎其中，便是兩個五行而已。」後來，便根據河圖的天地生成數，安排為「一曰水、二曰火、三曰木、四曰金、五曰土」的次序，並總結出「水曰潤下，火曰炎上，木曰曲直，金曰從革，土爰稼穡」的功能特性。

中醫根據五者的不同特性，作為事物的歸類方法來推演事物間相關聯繫及其變化的論理式具，而解釋人體臟腑的生理病理現象。五行學說，像陰陽學說一樣，作為中醫學的基礎理論發揮著極為重要的作用。

	木	火	土	金	水
天	風	熱	濕	燥	寒
地	木	火	土	金	水
體	筋	脈	肉	皮毛	骨
臟	肝	心	脾	肺	腎
色	蒼	赤	黃	白	黑
音	角	徵	宮	商	羽
聲	呼	笑	歌	哭	呻
變動	握	憂	噦	咳	栗
竅	目	舌	口	鼻	耳
味	酸	苦	甘	辛	鹹
志	怒	喜	思	悲	恐
方位	東	南	中央	西	北
季節	春	夏	長夏	秋	冬

太極拳內操外為之原則

封真而後　丹道——丹成九轉、金風吹脈、金氣朝元　　　太極起源
太極問世　武功——諸種武學、殺法、操演內外行功　　統一　武學改良

內操	外為
行氣循經、潛氣內行	以柔寓剛、動作合於脈流
周經修脈	化驚剛為緩柔

以氣催形、運化水穀之精
內外如一、造作身心之宜

在內者氣	在外者形
古有行氣之法而內操	武林操演之術施之於外運
自悟而明	潛形而修
行內操而求於丹道作合	外形亦隱武學潛傳
在天者日月　在人者陰陽	在己者運轉自如　捨己從人，知己知彼
日月循天　陰陽相推	自身感傳　內外相應
天地為宇宙　人身是乾坤	以武演道　以術見道
陰陽生萬物，歸經納甲———	———五行、八卦、外行相因合為十三式
天體——脈道———	———循經、行雲流水，演化招術

人天合一　子午升降	如環無端　以窮天道
四季晝夜　水火相推	變化無窮　太極之理

丹成九轉	十三式行功
道	武

天地應人，有律有序	手足四肢百骸，內外相因
予正真元之性	以運操武之修
由道梧真	以武演道(強健身心)
期之以慧照　以神意血為用	享之以天年

　　通達人事，歷盡修為，古今宗傳，體脈分明，操武行氣，運化天真。以太極而修真，以操演復歲月，期之造化，道武合真。

太極拳的經典理論

太極拳論
張三豐

　　一舉動，周身俱要輕靈，尤須貫力。氣宜鼓蕩，神宜內斂。毋使有凹凸處，毋使有斷續處。其根在腳，發於腿，主宰於腰，形於手指。由腳而腿而腰，總需完整一氣，向前退後，乃得機得勢。有不得機得勢處，身便散亂，必至偏倚，其病必於腰腿求之，上下前後左右皆然。凡此皆是意，不在外面。有上即有下，有前即有後，有左即有右。如意要向上，即寓下意。若將物掀起，而加以挫之之力，斯其根自斷，乃壞之速而無疑。虛實宜分清楚，一處自有一處虛實，處處總此一虛實，周身節節貫串，勿令絲毫間斷耳。長拳者，如長江大海，滔滔不絕也。十三勢者，掤捋擠按採挒肘靠，即乾、坤、艮、巽，四斜角也，此八卦也。進步、退步、左顧、右盼、中定，此五行也。

　　掤捋擠按，即坎離震兌，四正方也。採挒肘靠，即乾坤艮巽，四斜角也。進退顧盼定，即金、木、水、火、土也。

太極拳經

王宗岳

太極者，無極而生，動靜之機，陰陽之母也。動之則分，靜之則合，無過不及，隨曲就伸。人剛我柔謂之走，我順人背謂之黏。動急則急應，動緩則緩隨，雖變化萬端，而理為一貫。由著熟而漸悟懂勁，由懂勁而階及神明。然非用力之久，不能豁然貫通焉。虛領頂勁，氣沉丹田，不偏不倚，忽隱忽現。左重則左虛，右重則右杳。仰之則彌高，俯之則彌深。進之則愈長，退之則愈促。一羽不能加，蠅蟲不能落。人不知我，我獨知人。英雄所向無敵，蓋皆由此而及也。斯技旁門甚多，雖勢有區別，概不外壯欺弱、慢讓快耳。有力打無力，手慢讓手快，是皆先天自然之能，非關學力而有力也。察「四兩撥千斤之句」，顯非力勝，觀耄耋能禦眾之形，快何能為？立如平準，活似車輪。偏沉則隨，雙重則滯。每見數年純功，不能運化者，率皆自為人制，雙重之病未悟耳。欲避此病，須知陰陽。粘即是走，走即是粘。陽不離陰，陰不離陽，陰陽相濟，方為懂勁。懂勁後，愈練愈精，默識揣摩，漸至從心所欲。本是捨己從人，多誤捨近求遠，所謂差之毫厘，謬之千里，學者不可不詳辨焉。是為論。

● 太極拳釋名

太極拳，一名長拳，又名十三勢。長拳者，如長江大海，滔滔不絕也。十三勢者，掤捋擠按採挒肘靠，即乾、

坤、艮、巽，四斜角也，此八卦也。進步、退步、左顧、右盼、中定，即金、木、水、火、土也，此五行也。一著一勢，均不外乎陰陽，故又名太極拳。

● 學太極拳須斂神聚氣論

太極之先，本為無極鴻蒙一氣，混然不分，故無極為太極之母，即萬物先天之機也。二儀分，天地判，始成太極。二氣為陰陽，陰靜陽動，陰息陽生。天地分清濁，清浮濁沉，清高濁卑。陰陽相交，清濁相媾，氤氳化生，始育成物。人之生世，本有一無極，先天之機是也。迨入後天，即成太極，故萬物莫不有無極，亦莫不有太極也。人之作用，有動必靜，靜極必動，動靜相因，而陰陽分，渾然一太極也。人之生機，全恃神氣。氣清上浮，無異上天。神凝內斂，無異下地。神氣相交，亦宛然一太極也。故傳我太極拳法，即須先明太極妙道，若不明此，非吾徒也。太極拳者，其靜如動，其動如靜。動靜循環，相連不斷，則二儀即交，而太極之象成。內斂其神，外聚其氣，拳未到而意先到，拳不到而意氣亦到。意者，神之使也。神氣即媾，而太極之位定。其象即成，其位即定。氤氳化生，而演為七十二之數。太極拳總勢十有三。掤捋擠按採挒肘靠，進步退步右顧左盼中定。按八卦五行之生剋也。其虛靈、含撥、鬆腰、定虛實、沉墜、用意不用力、上下相隨、內外相合、相連不斷、動中求靜，此太極拳之十要。學者之不二法門也。學太極拳為入道之基。入道以養心定性，聚氣斂神為主。故習此拳，亦須如此。若心不能安，性即擾之。氣不外聚，神必亂之。心性不相接，神氣不相交，則全身之四體百脈，莫不盡死。

雖依勢作用，法無效也。欲求安心定性，斂神聚氣，則打坐之舉不可缺，而行功之法不可廢矣。學者須於動靜之中尋太極之益，於八卦五行之中求生剋之理，然後混七二之數，渾然成無極。心性神氣，相隨作用，則心安性定。神斂氣聚，一身中之太極成，陰陽交，動靜合，全身之四體百脈，周流通暢，不黏不滯，斯可以傳吾法矣。

● 太極行功說

太極行功，功在調整和陰陽，交合神氣。打坐即為第一步下手功夫。行功之先，猶應治臟，使內臟清虛，不著渣滓。則神斂氣聚，其息自調。進而吐納，使陰陽交感，渾然成為太極之象。然後再行運各處功夫。冥心兀坐，息思慮，絕情欲，保守真元，此心功也。盤膝曲股，足跟緊抵命門，以固精氣，此身功也。兩手緊掩耳門，疊指背彈耳根骨，以被動風池邪氣，此首功也。兩手擦面，待其熱，更用唾沫偏摩之，以治外侵，此面功也。兩手按耳輪，一上一下摩擦之，以清其火，此耳功也。緊合其睫，睛珠內轉，左右互行，以明神室，此目功也。大張其口，以舌攪口，以手鳴天鼓，以治其熱，此口功也。舌抵上腭，津液自生，鼓漱咽之，以潤其內，此舌功也。叩齒三十六，閉緊齒關，可集元神，此齒功也。兩手大指，擦熱揩鼻，左右三十六，以鎮其中，此鼻功也。既得此行功奧竅，還須正心誠意，冥心絕慾，從頭做去，始能逐步升登，證悟大道，長生不老之基，即胎於此。若才得太極拳法，不知行功之奧妙，挈置不顧，此無異煉丹不採藥，採藥不煉丹，莫道不能登長生大道，即外面功夫，亦決不能成就。必須功拳並練。蓋功屬柔而拳屬

剛，拳屬動而功屬靜，剛柔互濟，動靜相因，始成為太極之象。相輔而行，方足致用，此練太極拳者，所以必先知行功之妙用。行功者，所以必先明太極之妙道也。

●太極行功歌

兩氣未分時，渾然無極。陰陽位即定，始有太極出。人身要虛靈，行功主呼吸。呵噓呼呬吹，加嘻成六。六字意如何，治臟不二訣。治肝宜用噓，噓時睜其目。治肺宜用呬，呬時手雙托。心呵頂上叉。腎吹抱膝骨。脾病一再呼，呼時把口噘。仰臥時時嘻，三焦熱退鬱。持此行內功，陰陽調胎息。大道在正心，誠意長自樂。即此是長生，胸有不死藥。

●行功十要

面要常擦，目要常揩，耳要常彈，齒要常叩，背要常暖，胸要常護，腹要常摩，足要常搓，津要常咽，腰要常揉。

●行功十忌

忌早起科頭，忌陰室納涼，忌濕地久坐，忌冷著汗衣，忌熱著晒衣，忌汗出扇風，忌燈燭照睡，忌子時房事，忌涼水著肌，忌熱火灼膚。

●行功十八傷

久視傷精，久聽傷神，久臥傷氣，久坐傷脈，久立傷骨，久行傷筋，暴怒傷肝，思慮傷脾，極憂傷心，過悲傷肺，至飽傷胃，多恐傷腎，多生傷腰，多言傷液，多睡傷

津，多汗傷陽，多淚傷血，多交傷髓。

●十三勢行功歌訣

十三總勢莫輕視，命意源頭在腰隙。
變轉虛實須留意，氣遍身軀不稍滯。
靜中觸動動猶靜，因敵變化示神奇。
勢勢存心揆用意，得來不覺費功夫。
刻刻留心在腰間，腹內鬆靜氣騰然。
尾閭中正神貫頂，滿身輕利頂頭懸。
仔細留心向推求，屈伸開合聽自由。
入門引路須口授，功夫無息法自修。
若言體用何為準，意氣君來骨肉臣。
詳推用意終何在，益壽延年不老春。
歌兮歌兮百四十，字字真切義無遺。
若不向此推求去，枉費功夫貽嘆息。
掤捋擠按須認真，上下相隨人難進。
任他巨力來打我，牽動四兩撥千斤。
引進落空合即出，粘連黏隨不丟頂。

●十三勢行功心解

以心行氣，務使沉著，乃能收斂入骨；以氣運身，務令
順遂，乃能便利從心。精神能提得起，則無遲重之虞，所謂
頂頭懸也；意氣須換得靈，乃有圓活之趣，所謂變動虛實
也。發勁須沉著鬆靜，專注一方；立身須中正安舒，支撐八
面。行氣如九曲珠，無微不到；遠勁如百煉鋼，何堅不摧。
形如搏兔之鵠，神似捕鼠之貓。靜如山岳，動若江河。蓄勁

如張弓，發勁如放箭。曲中求直，蓄而後發。力由脊發，步隨身換。收即是放，連而不斷。往復須有折疊，進退須有轉換。極柔軟然後極堅剛，能呼吸然後能靈活。氣以直養而無害，勁以曲蓄而有餘。心為令，氣為旗，腰為纛。先求開展，後求緊湊，乃可臻於縝密矣。又曰：先在心，後在身。腹鬆淨，氣斂入骨，神舒體靜，刻刻在心。切記一動無有不動，一靜無有不靜。牽動往來氣貼背，斂入脊骨，內固精神，外示安逸。邁步如貓行；運勁如抽絲。全身意在精神，不在氣，在氣則滯；有氣者無力，無氣者純剛。氣若車輪，腰如車軸。

● 十三勢行功心解

以心行氣，務使沉著，乃能收斂入骨，所謂命意源頭在腰隙也。意氣須換得靈，乃有圓活之趣，所謂變換虛實須留意也。立身中正安舒，支撐八面，行氣如九曲珠，無微不到，所謂氣遍身軀不稍滯也。發勁須沉著鬆靜，專注一方，所謂靜中觸動，動中猶靜也。往復須有折疊，進退須有轉換，所謂因敵變化示神奇也。曲中求直，蓄而後發。所謂勢勢存心揆用意，刻刻留心在腰間也。精神能提得起，則無遲重之虞，所謂腹內鬆淨氣騰然也。虛靈頂勁，氣沉丹田，不偏不倚，所謂尾閭中正神貫頂，滿身輕利頂頭懸也。以氣運身，務令順遂，乃能便利從心，所謂屈伸開合聽自由也。心為令，氣為旗，神為主帥，腰為驅使，所謂意氣君來骨肉臣也。又曰：身雖動，心貴靜。氣須斂，神宜舒，心為令，氣為旗，神為主帥，身為驅使，刻刻留意，方有所得。先在心，後在身，在身則不知手之舞之，足之蹈之，所謂一氣呵

成，捨己從人，引進落空，四兩撥千斤也。須知一動無有不動，一靜無有不靜，視動猶靜，視靜猶動，內固精神，外示安逸。須要從人，不要由己；從人則活，由己則滯。尚氣者無力，養氣者純剛。彼不動，己不動，彼微動，己先動，以己依人，務要知己，乃能隨轉隨接；以己粘人，必須知人，乃能不後不先。精神能提得起，則無遲重之虞，粘依能跟得靈，方見落空之妙。往復須分陰陽，進退須有轉合。機由己發，力從人借。發勁須上下相隨，乃一往無敵；立身須中正不偏，方能八面支撐。靜如山岳，動若江河，邁步如貓行，運勁如抽絲，蓄勁如張弓，發勁如放箭，行氣如九曲珠，無微不到；運勁如百煉鋼，何堅不摧。形如搏兔之鵠，神似捕鼠之貓，曲中求直，蓄而後發。收即是放，連而不斷。極柔軟，然後能極堅剛；能粘依，然後能靈活。氣以直養而無害，勁以曲蓄而有餘。漸至物來順應，是亦知止能得矣。又曰：每一動，惟手先著力，隨即鬆開，猶須貫串一氣，不外起承轉合，始而意動，既而勁動，轉接要一線串成。氣宜鼓蕩，神宜內斂，勿使有缺陷處，勿使有凹凸處，勿使有斷續處。其根在腳，發於腿，主宰於腰，形於手指。由腳而腿而腰，總須完整一氣。向前退後，乃得機得勢。有不得機勢處，身便散亂，必至偏倚，其病必於腰腿求之，上下前後左右皆然。凡此皆是意，不在外面。有上即有下，有前即有後，有左即有右。如意要向上，即寓下意。若將物掀起，而加以挫之之力，斯其根自斷，乃壞之速而無疑。虛實宜分清楚，一處自有一處虛實，處處總此一虛實，周身節節貫串，勿令絲毫間斷耳。

● 十三勢行功心解注解

以心行氣，務使沉著，乃能收斂入骨；以氣運身，務令順遂，乃能便利從心。

心為身之樞紐，意為心之表形，氣即心意發動之原料；故機樞一動，全部運行，所以心意之所至，氣亦心隨之而至，惟意至然後可以行氣；意要沉著，其氣方能收斂入骨；用功久純，自可以氣運身；但氣之所到，不可使有阻滯，悟乎此，由往來變動，無不從心矣。

精神能提得起，則無遲重之虞，所謂頂頭懸也；意氣須換得靈，乃有圓活之妙，所謂變動虛實也。

太極拳最重精神，故貫神於頂，氣乃下沉於丹田，精神由此煥發，動作從心，自無遲滯之虞矣。與敵相黏，尤貴隨機換意，不用拙力，乃得靈通，如是，則虛實變換，無不如意，所以有圓活之妙也。

發勁須沉著鬆靜，專注一方；立身須中正安舒，支撐八面。

此言發勁時，心意手足，均須沉著；因無雜念則意淨，無拙力則體鬆，而精神貫注，無論敵方如何襲擊，皆能隨意應付。頂頭懸則身中正；氣下沉則體安舒，故一片穩定，自可支撐八面。八面者，即「四正」「四隅」也。

行氣如九曲珠，無微不到；運勁如百煉鋼，何堅不摧。

四肢百體，雖至細微處，若意有所注，氣無不到，有似

珠之圓滑，故力無不化。太極之運動，在表面觀，似不著
力，但勁自內發，最無窮盡，如百煉之鋼，無堅不摧。

形如搏兔之鵠，神似捕鼠之貓。靜如山岳；動若江河。
動作變換之形狀，如凌空搏兔之鵠，盤旋莫定；凝神蓄
勢而待發，似伏地捕鼠之貓，相機便至。不動如山岳，喻其
穩實不浮也；動若江河，喻其氣動不斷也。

蓄勁如張弓，發勁如放箭。曲中求直，蓄而後發。力由
脊發，步隨身換。
張弓如望（十五日）月，此言蓄勁之滿；放箭若流星，
是謂發勁之速。以柔化人之剛曰曲，敵剛既化，我心乘機往
攻，勁發而得直矣。沉肩貫氣，力由脊發，而及指端；步法
則隨身轉動，變換不定。

收即是放，連而不斷。往復須有折疊，進退須有轉換。
收即黏化，放為擊敵。故能化人者，方能擊人。惟擊人
之時，其勁似斷，但其意能復黏。折疊者，即內外變化之作
用也。其往來之折疊，虛實不定，而有變化；步法須要變
換，進退方得如意。

極柔軟然後極堅剛，能呼吸然後能靈活。氣以直養而無
害；勁以曲蓄而有餘。
太極拳以柔為剛，演習之時，極柔緩者，其勁愈長，其
氣至剛，故天下之至柔者，能至剛也。呼吸即氣之出納。善
養氣者，必能直引而歸於丹田，然後周於全體，意到氣到，

四肢靈活，而無神態呆滯之弊，所謂浩氣常存，用之則行也。遇敵時，曲蓄其勁以待發，不發則已，一發而莫之能禦也。

心為令，氣為旗，腰為纛。先求開展，後求緊湊，乃可臻於縝密矣。

心為主帥，用以發號施令也；氣為旗官，用以傳達命令也；四肢之運用，以腰為中軍，乃纛之所在，用以監督左右前後而攻敵也。凡練架子及推手，均要開展得法，各部動作，始能接應如意。所謂求緊湊者，即由大圈以歸小圈，無圈則是藏於密也，惟功夫精純者，乃可以言此，即能「收、放」之意而已。

又云：先在心，後在身。腹鬆淨，氣斂入骨，神舒體靜，刻刻在心。切記一動無有不動，一靜無有不靜。

太極拳以心意為機樞，以身體為機件，故先心意而後身體。腹任自然則鬆，無雜念則淨，其氣自能收斂入骨，故神安體靜，應變整暇而不慌亂。表裡聯成一氣，所以有動則俱動，靜則俱靜之功效也。

牽動往來氣貼背，斂入脊骨，內固精神，外示安逸。邁步如貓行；運勁如抽絲。

與人較技時，因往來角逐之牽動，易犯躍輕氣浮之病，故須沉氣貼背，斂於脊骨，則力由脊骨趨出，運行於各部，神固體逸，自能示人以鎮靜。步法取獵行之聯絡姿勢；運動若抽絲之貫串不斷。

全身意在精神，不在氣，在氣則滯；有氣者無力，無氣者純剛。氣若車輪，腰如車軸。

太極拳專尚精神，不尚氣力，彼尚氣力者，必為濁氣與拙力而已。故善養氣者，當以腰為發勁之中樞，氣為輪，若軸之貫輪旋轉，運輸以及全身，而無絲毫之阻滯。

●打手歌注釋（按：打手即推手也）

掤掘按，湏認真，上下相隨人難進，任他巨力來打我，牽動四兩撥千斤！引進落空合即出，粘連黏隨不丟頂。

「掤掘擠按」四字，均按照師傳之規矩，絲毫不能違識！練久功深，方能上下相隨，一動無有不動，敵不能進攻，彼雖以巨力打來，略為牽動，則我之四兩，自可撥彼千斤！當其用力時，方向必不能變，我即隨彼之方向而引進，彼自落空矣。然必須粘、連、黏、隨，不丟，不頂，乃克臻此也。

又曰：波不動，己不動；波微動，己先動。勁似鬆非鬆，將展未展，勁斷意不斷。

打手時，靜待敵勢，彼不動，我亦不動，彼如微動，必有方向，我意在彼先，隨其方向而先動，則彼必跌出矣；故敵用力愈大，受跌亦愈重也。未動時，一種凝神蓄勢之姿態，意似鬆而未鬆，勁將展而未展，遇機放勁；放時，勁似斷而意仍不斷也。

以上先師遺著，已將太極拳精微奧妙之處，闡發無遺，因欲求顯淺，以便後之有專斯道者，故略加注釋，以為入門之助云爾。

● 擎引鬆放四字

擎開彼勁借彼力（中有靈字）。引到身前勁始蓄（中有斂字）。

鬆開我勁勿使屈伸（中有靜字）。放時腰腳認端的（中有整字）。

● 走架打手行工要言

昔人云：能引進落空，便能四兩撥千斤。不能引進落空，便不能四兩揚長避短撥千斤。語甚概括。初學未由領悟，予加數語以解之，俾有志斯技者，得所從入，庶日進有功矣。欲要引進落空，四兩撥千斤，先要知己知彼。欲要知己知彼，先要捨己從人。欲要捨己從人，先要得機得勢。欲要得機得勢，先要周身一家。欲要周身一家，先要周身無有缺陷。欲要周身無有缺陷，先要神氣鼓蕩。欲要神氣鼓蕩，先要提起精神。欲要提起精神，先要神不外散。欲要神不外散，先要神氣收斂入骨。欲要神氣收斂入骨，先要兩股前節有力。兩肩鬆開，氣向下沉，勁起於腳根，變換在腿，含蓄在胸，運動在兩肩，主宰在腰。上於兩膊相擊，下於兩腿相隨，勁由內換。收便是合，放即是開。靜則俱靜，靜是合，合中寓開。動則俱動，動是開，開中寓合。觸之則旋轉自如，無不得力，才能引進落空，四兩撥千斤。平日走架是知己功夫。一動勢先問自己周身合上數項否。少有不合，即速改換。走架所以要慢，不要快。打手是知人功夫。動靜固是知人，仍是問己。自己安排得好，人一挨我，我不動彼絲毫。趁勢而入，接定彼勁，彼自跌出。如自己有不得力處，

便是雙重未化。要於陰陽開合求之。所謂知己知彼，百戰百勝也。

中國循經太極拳二十四式操演譜文

天地陰陽妙相生，本是動靜咸化成。

太極爲宗傳武勢，遍撒華夷煥春風。

太極開拳移左步，前抬兩臂吊腕平。

切腕仰掌姿下沉，坐胯屈膝氣合生。

野馬分鬃身右轉，左手托球右肘橫。

上下掌心同一峙，兩掌互喚抱球生。

左足尖收右腳側，鳳點頭化腿提龍。

前托左掌進左足，左腿爲弓右腿平。

前行虎口併金脈，後按胯側合心經。

左轉身姿橫左肘，右鳳足落左足踵。

左掌按球右掌托，復出右腳虎換龍。

右化托掌身前出，左化按塌左胯封。

左蹬右弓穩兩足，前後雙撐期中庭。

轉換身姿右抱球，左爲托掌右肘橫。

左鳳足點右足側，前展左足虎步騰。

太極抱球開雙掌，前托後按達通靈。

托掌斜行金風響，按掌降氣掩胯封。

右進半步宣虎坐，左出半步肝脾應。

雙手抱印護襟胸，正展身姿神氣升。

左右橫開撫琴手，白鶴亮翅用意撐。

左下切掌行心氣，右揚托掌運金風。

身形右轉收左足，左掌扶封金肘橫。

右齊聽宮進左步，右為虎坐左腿平。

左掌摟膝肘橫撐，身姿前移虎換龍。

右掌直取金宮地，前按指掌右腿蹬。

如此左轉換身形，右手摟膝左掌騰。

復將身姿再右轉，注返三換丁甲封。

右進半步換虎行，左出半步足放平。

左化扶封身前處，右掌後移合中宮。

手揮琵琶虎右坐，掌持前後挫敵鋒。

倒卷肱法身退行，倒插前足落後蹤。

右手後舉通金氣，兩臂分爭掌上擎。

後手前去化穿掌，前手後舉托掌成。

後移左臂併左足，右臂右足亦同行。

墜身退走轉腕變，連環四步倒轉肱。

將身右轉退左足，混元球托左掌中。

上合右手平肩肘，前出左足運虎龍。

右手隨勢右下按，前掤左手齊肩胸。

十指前穿虛合掌，虎坐右翼捋要輕。

左掤右擠馳復前，太淵六脈細心聽。

袖底藏有混元象，雙掌前按法亦精。

回展身姿左後移，左抱球式左肘橫。

右化托掌傾左位，右鳳足落左足宮。

前掤右手進右足，換將虎踞化龍蹤。

攬雀尾分左右脈，掤捋擠按四法明。

內扣右足身左轉，橫運太極臂左傾。

易理大象復右環，左收鳳足立右踵。

右起吊腕並勾手，左化單鞭前擊應。

前倚左足成弓狀，後持虎足換龍騰。

橫行跨走自輕靈，左行虎坐右足平。

進手輪生呈有象，三步三跟合行蹤。

雲手雙環通玄跡，進身遙脊任縱橫。

左穿右撞右坐虎，左撞右穿虎左逢。

勾雲拿月雲盤手，三陽化力復按攻。

單鞭一式重返顧，霹雷掌法震當胸。

勾手後化托掌起，右足半步跟前踵。

更令穿掌胸前占，回抽左手封丹宮。

回提左足鳳點頭，兩掌前抄斬雙鋒。

分化雙掌並開合，右蹬腳起玉柱傾。

右足收做提龍腿，雙托掌在膝上橫。

龍姿進步換金錘，雙風貫耳著法靈。

橫開兩掌轉身形，左足右收乘提龍。

雙掌合抱護金鑒，提龍腿起左前蹬。

蹬腳復落中宮處，兩掌緊收固金風。

右執勾手三陽俱，金刀金肘左橫胸。

左遂仆腿削金玉，紫燕抄萍下沉峰。

縱身提足金雞立，提膝上打偃月宮。

金鋒穿掌隨膝至，左足渾立左手封。

左起勾手三陽俱，右撤扶封切肘橫。

虎狻移身金頂落，削金截鐵不可輕。

騰身左起提龍腿，右足獨立展雙鋒。

落下左足上右足，虎步左肘平肩封。

右化托掌齊左位，一上一下抱球生。

內旋球法分左右，雙掌搖身虎換龍。

右行托掌滾肘架，下藏左掌撞中宮。

左足超越右足鋒，右抱球持右肘橫。

左掌上翻橫肘降，右掌遂按穿梭聲。

海底針蹲右坐虎，虛點左足落地輕。

左掌撒在膝邊護，右用穿掌直下沖。

閃通臂起左步騰，龍形虎躍右足蹬。

右手護頭橫架肘，立出左掌托架功。

轉身搬攔錘三更，虎換龍威身展形。

右反砸錘降肘式，左手右攔金肘橫。

左進一步縱其力，挺身後足乘勢蹬。

三陽氣貫左右腳，右握金錘擊不空。

左化穿掌神門下，左右兩掌托化成。

回展混元球玄轉，如封似閉撲按攻。

右轉身姿展右臂，兩掌開合照前胸。

收攏右足身站直，兩腿微立期正中。

雙掌外翻兩側落，太極合手式完成。

二十四式心意會，體鬆氣固神要寧。

太極行拳操演後，體魄康健自有情。

中國循經太極拳二十四式全體大用篇譜文

太極拳法意相連，招招式式細經研。

守定中宮無極式，無形無象養真元。

太虛太極呈有象，陰陽動靜操做拳。
古傳拳經十三式，今作簡化續前源。
開拳陰陽起太極，三陽上崩雙儀環。
太極吊球蘊玄機，雙切腕法鎮中原。
太極蕩球掌前顧，十指採捌左右懸。
野馬分鬃抱球起，球掩橫肘肘齊肩。
鳳足點在虎足側，托球掌藏腋下緣。
鳳換虎足展龍姿，托掌前掤齊胸間。
扶球手化塌掌下，左右三遁龍在前。
白鶴亮翅右虎坐，兩手抱印脈合全。
上下翻飛切掌挑，少陰心經氣脈圓。
摟膝拗步虎坐宣，扶封掌持金肘懸。
下行摟膝掌後移，上過聽宮指前穿。
穿掌化按金鐘響，轉身橫肘又同前。
丁甲雲封三才俱，左右摟膝虎龍蟠。
右進半步出半步，手揮琵琶動金弦。
斷肘折肱擒拿閉，金鋒掌法上下連。
墜坐虎步身退還，倒卷肱法後作前。
手足同展擔山勢，退行四步乘連環。
虎勢右崎非等閒，右橫金肘抱球圓。
左騰虎步擒龍姿，左掌前掤正當先。
搭手捋開龍換虎，回身擠手龍在前。
撤手後坐換虎形，龍行虎按神氣全。
攬雀尾式左右展，左崎虎勢球左懸。
掤捋擠按四法備，右掤左捋虎左還。
翻掌腕打並勾手，三陽力至滾單鞭。

左掌直撞金鋒脈，手足同威顧三前。

雲手三環行三步，橫虎橫龍左右旋。

雙掌雲揮搖身脊，勾雲拿月金蛟剪。

單鞭再接高探馬，穿掌罩面氣要圓。

前穿右掌攔手刺，回收左掌護丹田。

兩掌開合雙鋒斬，手脚齊進達身前。

鳳點頭佩提龍腿，進步蹬脚玉柱掀。

雙風貫耳自古傳，提龍腿上架雙拳。

金頂奎牛通督脈，三陽崩發力最全。

轉身蹬脚腹上占，兩掌同展護撥蓮。

單鞭下勢削金鐵，虎狻移身封肘肩。

提膝上打致命處，半陰半陽掌單懸。

古稱金雞獨立式，左右雙打上下翻。

左右穿梭抱球含，橫肘上揚掌托天。

內旋球法左右位，下掩龍雷撞掌參。

斜走四宮封四隅，掤滾上架鐵甲環。

只因此法輕靈便，喚做穿梭玉女傳。

海底針要躬身就，下用穿掌驚丹源。

忽然上封金闕頂，右翻橫肘闖金乾。

閃通背上托架功，身取龍姿見真詮。

進步搬攔肋下使，反砸外降封肘拳。

三陽氣會身手足，右握金錘崩驚團。

左取穿掌救右急，左右兩手護正顏。

如封似閉雲環持，化做撞掌動金玄。

右轉身姿合雙掌，十字手封金輪前。

兩掌外翻澓下落，身姿潡立收真元。

真氣湄通廿四式，三昧精神氣斂全。

周經百脈無休歇，一氣通真太極拳。

先師傳拳經範勢，後學拳經證前源。

全體大用意為主，宣合百脈自通玄。

有法有術名太極，陰陽動靜氣血宣。

神意相合全武道，天下英豪盡延年。

中國循經太極拳二十四式內脈循經譜文

太極拳法古今傳，內隱玄奧要審詮。

氣脈宣通十二經，養真泛武翻作拳。

太乙氣化沖任督，氣血陰陽走湄纏。

二十四式雖簡化，湄經內脈葆真元。

神意相合參動靜，無極生在太極前。

陰陽未判真種出，意催身姿動靜間。

太極開宗起手式，三陽並起通上玄。

手三陽經宣真力，雙吊球式氣最圓。

十指虛含暢玄機，兩掌三昧延宗傳。

平身降氣抖神威，雙切腕法壯丹田。

老祖斷凳氣下沉，期身正直撐三環。

沾連黏隨不丟頂，驚彈崩炸走螺旋。

氣化三陽生真力，拳依六合乘金玄。

丹田內轉榮金氣，左右二脈任湄纏。

野馬分鬃宣虎坐，勢藏擠撞平肘肩。

兩手抱球陰陽合，天地相應神意添。

按掌玄英動大指，中府雲門繁相連。

托掌心經居肝脾，外展金風正遁傳。
鳳點頭氣宗大趾，下逢二脈透脾肝。
後坐分蹬縱虎式，前平虎足肝脾宣。
身縱虎踞換龍姿，金封托掌虎在前。
始展雙鋒金風至，後按肺脈共心傳。
抱球復將陰陽聚，混元太極又遁纏。
左右開眞舒肝脾，上調離火奏金弦。
白鶴亮翅右坐虎，虎步鳳頭助腎元。
兩掌同將中宮護，心肺交融在襟前。
黃姿脾土胃堪眞，印掌虛合顧中原。
上有眞華降海底，下有神水升至顚。
雙掌橫開撫琴功，右舉金鋒下火炎。
切掌離宮尊小娘，火練眞金紫氣懸。
摟膝經運丁甲全，左右遁宮氣血圓。
上齊腮耳金鋒動，轉用心經五指前。
下執金訣繞膝過，虎躍龍騰腎水環。
搖身晃脊氣脈生，命門靈臺正應源。
橫肘雲封三才勢，左右摟膝虎龍旋。
上動劍氣併離火，下行眞水達乾元。
手揮琵琶聚坎水，外應六合見經傳。
煆平神火乾金式，太陰上下溶一團。
長持虎威壯腰腿，內滋腎氣育眞元。
平送眉目降肝火，靜運金風期永年。
倒卷肱法後作前，前後一字臂橫擔。
乘取通背擔山式，墜坐虎步身退還。
腰胯肩脊壯眞力，左遁右纏神在前。

上下遁經經子午，右進左岀氣纏旋。

攬雀尾要勢經拳，擠按掤挒守腰間。

後宣坐虎因命門，側抱球式左右權。

托掌掤起金鐘響，心肺肝脾五行全。

挒擠二法生氣象，虎踞龍騰趃注還。

龍虎奪勢當進退，退身方顯虎坐宣。

進勢擠按虎換龍，全策再審大用篇。

三陽氣化同雷震，勾手吊腕滾單鞭。

雲手三遁撑雲環，橫行龍虎式要圓。

子午雲掌搖脊過，上下相隨氣需纏。

三陽化力擠崩肘，肩胯封敵奪身前。

三環進步淂攻手，金蛟雲月任注還。

單鞭後宣虎坐式，高探馬取攔手穿。

腎元雙升運真水，金鋒掌刺力更堅。

右蹬腳藏提龍腿，鳳點頭起掌在前。

手足遁經合真力，蹬腳擊敵軟肋間。

收足提膝身正立，雙風貫耳扣雙拳。

進取三陽聚金鼎，宣通督脈沖上元。

轉身蹬腳起左足，同揮雙掌護擺蓮。

下勢赴腿分跨虎，勾手穿掌力橫擔。

縱身金雞獨立站，膝打挑掌朱陵參。

穿梭參做抱球姿，金風離火自周懸。

托掌外翻運心脈，按掌前推奏金弦。

海底針要躬身就，左封右刺取丹田。

閃通背勢左為攻，身騰龍姿掌轉旋。

右翻橫肘封金頂，右腿蹬送左在前。

上揚翻手金催火，龍形推掌撞金團。

進步搬攔降肘式，右砸左攔龍虎全。

右足上前橫金肘，後足蹬時貫右拳。

如封似閉洗腕纏，掌趁金宮顧盼間。

雙抄掌攏合天地，十字手揮正胸前。

兩掌下落收招式，合神會脈斂真元。

外周拳腳廿四式，內應百脈氣血宣。

行拳凝神開文武，經運內脈自遁纏。

初知內脈遁經注，再審祥和血氣源。

十二經行太極輪，八脈奇經自遁傳。

以武弘仁證玄機，以神推脈期天然。

感而遂通精斯道，藝精於勤費經研。

展轉相習無休歇，精意揣摩見真詮。

古傳太極練神意，經研內脈效前賢。

太極操練天行健，始知太極非等閒。

　　　　乙卯九月初四

中國循經太極拳二十四式武學概譜

太極起式陽氣升，雙腕挑打吊球成。

左右採捌取肘肱，上崩下砸將勢封。

身蹲後足宣虎坐，前腿放平縱虎行。

前足落定身前移，龍姿就勢後足蹬。

龍行虎步相交峙，動靜陰陽虎換龍。

虎形進前回頭打，直沖龍姿闖前蹤。

野馬分鬃抱球姿，托掌上映金肘橫。

足尖點落鳳點頭，提膝提足勢提龍。

上下抱球陰陽分，陰陽掌法各不同。

托掌滾發掤臂起，橫肘急切降肘崩。

正應腋下金挑掌，上掌下塌力正洪。

直沖中宮奪其局，側踏邊鋒胯外行。

上手進足同一側，肩腋兩側取背胸。

撒放二訣乘機使，左右連環不可逢。

白鶴亮翅挑打胸，下切上展灑旗紅。

摟膝拗步三才勢，封膝閉胯過聽宮。

進步後追龍雷掌，雲封直透響朱陵。

手揮琵琶穿化精，擒拿封閉斷肘胲。

倒轉胲法墜身退，穿掌單面挫敵鋒。

攬雀尾分左右脈，掤捋擠按順轉行。

龍騰虎坐縱其勢，二脈交宮虎換龍。

捋擠二法趁機使，掤按應機審虛靈。

勾手吊腕三陽力，單鞭一掌泰山驚。

雲手變化隱玄通，三進三合臂上攻。

勾雲拿月雲盤手，上下旋纏金肘橫。

七星掛壁金蛟剪，左右用法一般同。

再合單鞭連手使，神武銅雷震當胸。

高探馬上攔手刺，右蹬腳起玉柱傾。

雙風貫耳高天下，金錘斗鑽震聽宮。

轉身蹬腳腹上占，單鞭下勢伏虎龍。

橫肘切掌削金鐵，挺身獨立金雞鳴。

提膝上打致命處，下傷二足難留情。

玉女穿梭隅方變，斜行禦敵四角封。

海底針要躬身就，金鋒掌刺金丹庭。

閃通背起托天手，斜身橫架鬧龍形。

搬攔錘打降肘式，右搬左攔龍虎迎。

連珠三式藏變化，手執玄錘肋下生。

如封似閉顧盼定，全憑兩手護正中。

十字手法變不盡，開合顧盼運神明。

兩掌外落合太極，二十四式操練成。

前取諸法參古意，今演簡化寄有形。

此譜應作蒙教化，育激初學權武情。

遇敵上前迫近打，仔細鑽研詩藝精。

習武尚需真傳授，式式法法要記清。

文武之理渾為一，分厘不錯細審聽。

展卷操拳會古意，莫讓歲月等閒更。

中國太極拳之成熟脈流在國學宗風中涉示時代概圖

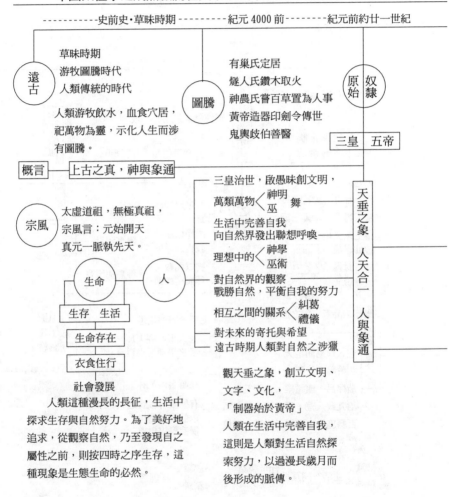

----------史前史・草昧時期--------紀元4000前-------紀元前約廿一世紀

遠古

草昧時期
游牧圖騰時代
人類傳統的時代

人類游牧飲水，血食穴居，祀萬物為靈，示化人生而涉有圖騰。

圖騰

有巢氏定居
燧人氏鑽木取火
神農氏嘗百草置為人事
黃帝造器印劍傳世
鬼臾歧伯善醫

原始 **奴隸**

| 三皇 | 五帝 |

概言 上古之真，神與象通

宗風

太虛道祖，無極真祖，宗風言：元始開天真元一脈執先天。

生命 — **人**

生存　生活

生命存在

衣食住行

社會發展

人類這種漫長的長征，生活中探求生存與自然努力。為了美好地追求，從觀察自然，乃至發現自之屬性之前，則按四時之序生存，這種現象是生態生命的必然。

三皇治世，啟愚昧創文明，
萬類萬物〈神明／巫〉舞——
生活中完善自我
向自然界發出聯想呼喚——
理想中的〈神學／巫術〉
對自然界的觀察
戰勝自然，平衡自我的努力
相互之間的關系〈糾葛／禮儀〉
對未來的寄托與希望
遠古時期人類對自然之涉獵

天垂之象　人天合一　人與象通

觀天垂之象，創立文明、文字、文化，
「制器始於黃帝」
人類在生活中完善自我，這則是人類對生活自然探索努力，以過漫長歲月而後形成的脈傳。

遠古 就太極拳為宗而言，時代悠遠，只可理推，其宗不可考，雖有文字尚不能為準據

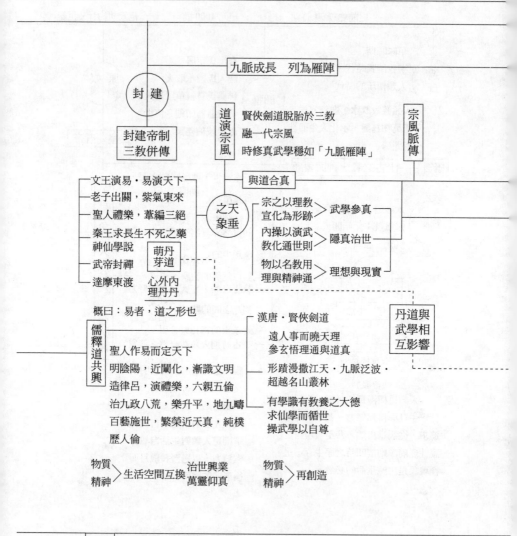

九脈成長　列為雁陣

封建

道演宗風　賢俠劍道脫胎於三教
　　　　　融一代宗風
　　　　　時修真武學穩如「九脈雁陣」

宗風脈傳

封建帝制
三教併傳

與道合真

文王演易・易演天下
老子出關，紫氣東來
聖人禮樂，韋編三絕
秦王求長生不死之藥
神仙學說
武帝封禪
達摩東渡

之天象垂

宗之以理教
宣化為形跡　武學參真
內操以演武
教化通世則　隱真治世
物以名教用
理與精神通　理想與現實

萌丹芽道

心外內理丹丹

概曰：易者，道之形也

儒釋道共興

聖人作易而定天下
明陰陽，近闡化，漸識文明
造律呂，演禮樂，六親五倫
治九政八荒，樂升平，地九疇
百藝施世，繁榮近天真，純樸
歷人倫

漢唐・賢俠劍道

遠人事而曉天理
參玄悟理通與道真

形蹟漫撒江天・九脈泛波・
超越名山叢林

有學識有教養之大德
求仙學而循世
操武學以自尊

丹道與武學相互影響

物質
精神 ＞ 生活空間互換

治世興業
萬靈仰真

物質
精神 ＞ 再創造

漢唐　太極省之以理有存文，操之為拳略有跡痕可追

┌─────────────────────┐   ┌─────────────────────┐
│ 九宗匯元　各自宗承 │   │ 九脈合真 · 一脈真諭 │
└─────────────────────┘   └─────────────────────┘

明九脈合真是修真武學之鼎盛時期，
統一了數百年來武學與修真在學術上的分歧。

武林崇真之黃金歲月

諸宗諸脈參真拜祖

宗傳以資門戶

神武精英聚山川，中華真術動海岳

《翰墨緣》「昔日傳統學識之學者們，九脈的至尊曾經聚在『龍虎堂』上為學術的統一而傾盡心血。幾度『沖霄樓內英毫放』，『書下譜文說概略』，『統無樓上藏真著』這些學術上的真華，是九脈合一面後的產物。」修真與武學即是國術上的神髓，「一脈真諭系嫡傳」，「九脈合真流有度」。權威的內容則是『統元並傳修真本』。

┌──────────┐
│ 文武統真 │
└──────────┘

形道 ─ 文資武範開創世界 ──── 精神世界育化太極生命
也之 　 尚武崇真以任俠風丹骨

　　　　　┌ 脈傳血液嫡系
　　　宗風┤ 武林遺風泛化民間 ── 時間漫長久遠
　　　　　└ 宗流之風漫傳 　　　 自然形成了太極學脈

　　宋元·概言風雲變幻之時代
　　　　政治變革
　　　　人事糾葛　　　　　　 ┌──────┐　　太極拳成為生命
　　　　地域改張　　　　　　 │ 內丹 │　　成長時代之條件
　　　　時代育化宗風成長　　 └──────┘

　　　　　　　　　　　　　　 ┌ 丹砂合易象 ── 外丹、武學醫藥、傷科、濟世，
　　　　　　　　　　　　　　 └ 內丹學識成熟 　以道成醫，以文煥武。
　　　　　　　　　　　　　　　　　　　　　　　養真以全神，淨化自我

┌──────┐
│ 內力 │ 丹道使武學
│ 外形 │ 昇華產生內功
└──────┘ 丹道內力外形　　 內載的共鳴體，以易為象之概念，指導武法
宗風成長　脈傳　 促進太極生命　 丹道修持而發現丹力，學術的研究成果，使
　　　　　分枝　 面世　　　　　 武學升華。轉入丹經武法合乘階段。

宗風法乳育化民間泛傳之脈流　 太極拳的生命，經胚胎、育化、成長、問世，乃
宗風泛化於俗　　　　　　　　 至於成熟，都受到與道合真，文武統真進代之影
　　　　　　　　　　　　　　 響。因此，太極拳的成熟，學術上的完整是在
　　　　　　　　　　　　　　 「永樂封真」而後，六脈太極是其前身。

┌──────┐
│ 宋元 │ 在宗風影響下，太極學識之先驅人物成長
└──────┘

九脈沉砂‧永樂封真

○ 「制器始於帝」從遠古刮削器、砍斫器，有切割痕跡的鹿角化石……發展為箭簇，爭殺利器，宣弘武學，經久歷歲，納演從編為成熟之巨庫。
《神兵武庫》系為三十六科
統器三千餘姿。

○ 永樂十八年　西曆一四
　　　　　　　西曆一四

武庫遺真傳世　萬法歸真

人與象通，人天合一，宇宙即是人身
修真武學，丹砂易象，馳神為跡

隨身造作，尺寸應人者為武器
材質鎖型，精尺應符者為法俱

內執丹道，
外顯金鋒

操拳演法
持械示陣

內經氣血
外合人天

得佛之大，得道之微，得儒之極乃成技擊
開創脈流之祖
張三豐祖師言宗

「從此大千傳寶藏」
「遙遙千載煙霞蕩」

先天太極，天罡同慶
三十六式循經有度

內丹
內家

張三豐作為一代師尊法祖
對後世之丹道武學留下
深刻影響

宗風太極創宗之源

「古法留於後人參」
「周法萬宗傳本做」

宗風泛化，漸成面目
時代之需要
化險絕為平合
化鷟剛為柔緩

武林封真之後，時代需要武學改良，內操有循經，行雲
理。陰陽開合升降，轉化為古三式之五行八卦，成為丹
合一之律，子午升降，水火相推，天地應人，有相有序

明　江山代有人才出，時代需要武學改良。張三豐創太極之風格，與天時、

星野・沉砂・六脈太極

二零年
八四年　距甲子計年　五百六十四年
　　　　　　　　　　五百年整
封真五百，反清復明失敗，封法三百
（靈性文化）　　　　（武學文化）

封真而後・太極問世

武林隱真，潛跡江湖，遁跡山野
匿人事，盡天年，時宗風暗淡

當年泛傳嫡脈轉為沉砂
沉跡伏藏不現，散流泛波，一時
躍噪江湖

正宗沉砂

宗風隱蹟，如同水中之沉砂，逐
漸隨時代的浮水流過而藏痕

星野乃指散流在正宗伏藏不現
時，如繁星野草之繁雜

宗風秘持

宗風九脈江湖血統紛紛隱若
將神功絕蹟斂形而修
內通氣脈，而行丹道陶盡人生歲月
外斂形跡復傳武道以享天年極樂

納武途於丹道，以太極為體
取象為易
中國傳統概念
　五行　八卦　陰陽
　　十三勢　　太極

乾元太極
龍虎太極
如意太極
先天太極
渾天太極
混元太極

○

此六脈太極在宗風中傳
概言先天太極為總稱名
　三豐遺脈
　武林宗風
　先天太極脈系

行內操，循經以盡丹道之為
日月經天，丹道與武學相合，聖人習之，賢者則之

流水，演化招數，如環無端，變化無窮，以窮太極之
道外功，有形之象。太極為體，混元為跡，秉承天人
，予正真元之性，由道悟真，期之慧照，盡太極之意

地利、人合相符

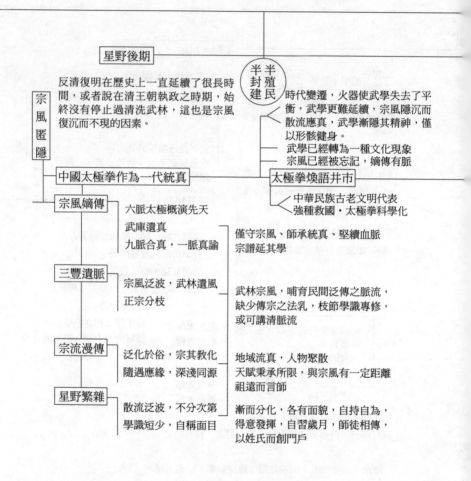

星野後期

反清復明在歷史上一直延續了很長時間，或者說在清王朝執政之時期，始終沒有停止過清洗武林，這也是宗風復沉而不現的因素。

宗風匿隱

半封建
半殖民

時代變遷，火器使武學失去了平衡，武學更難延續，宗風隱沉而散流應真，武學漸隱其精神，僅以形骸健身。

—— 武學已經轉為一種文化現象
—— 宗風已經被忘記，嫡傳有脈

中國太極拳作為一代統真

太極拳煥語井市

中華民族古老文明代表
強種救國·太極拳科學化

宗風嫡傳

六脈太極概演先天
武庫遺真
九脈合真，一脈真諭

僅守宗風、師承統真、堅續血脈
宗譜延其學

三豐遺脈

宗風泛波，武林遺風
正宗分枝

武林宗風，哺育民間泛傳之脈流，缺少傳宗之法乳，枝節學識專修，或可講清脈流

宗流漫傳

泛化於俗，宗其教化
隨遇應緣，深淺同源

地域流真，人物聚散
天賦秉承所限，與宗風有一定距離
祖遠而言師

星野繁雜

散流泛波，不分次第
學識短少，自稱面目

漸而分化，各有面貌，自持自為，得意發揮，自習歲月，師徒相傳，以姓氏而創門戶

清 | 武學隱真，宗以太極隱其蹟，良莠不齊，統充武壇

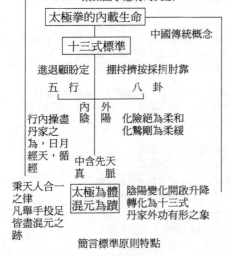

太極應真

新中國

中華民族古老文明煥發青春，太極拳運動為海內外人民的健康事業做出了應有的貢獻。

太極拳的內載生命

中國傳統概念

十三式標準

進退顧盼定　　　掤捋擠按採挒肘靠

五　行　　　　　八　卦

　　　　內　外
　　　　陰　陽
行內操盡　　　　化險絕為柔和
丹家之　　　　　化驚剛為柔緩
為，日月
經天，循
經

秉天人合一
之律　　　中含先天
凡舉手投足　真　脈
皆盡混元之
跡　　　　太極為體　陰陽變化開啟升降
　　　　混元為蹟　轉化為十三式
　　　　　　　　丹家外功有形之象

簡言標準原則特點

天體　丹道　內操　循經　自我　五行　氣　神　無極無為
脈道　武功　外為　招式　天地　八卦　力　意　太極有為

新中國　宗風再傳

封真封法終止時刻。西曆紀年一九八四年甲子計年正月初一日丙寅之前刻

歷史上遺留的傳痕，當年武當山曾有封法五百年的舊傳（其中脈傳武學封法三百年）這些舊說變如歷史文獻的記載一樣，已成舊傳經傳的典律。（《真元寶笈》）時宗風弘之又傳。五百年後，一九九五年武當貢獻於社會之「真元養生法」。《武當》專刊，中央電視臺排做「夕陽紅」老年健身節目專集13集。

太極拳按舊律是武當派貢獻到社會上的產物，而今《中國太極拳統真大典》於一九九八年問世。該書以舉世無匹的文言武舉展示了嫡傳真宗丹脈的脈流敘說，依據宗風脈流的學識範疇給面對眾多對太極學說而感迷惑的人們以衡準之判據。以宣太極內脈，是神化求之於形的作為，實乃循之內脈、飛經走氣，纏絲奪脈之操持。使太極的研究家們更新認識，給眾多修真者提供了前進的階梯。

循經太極之準繩：真氣要柔，流水穿堤，學識要真，流速要穩。架子動作要精準：以循經為原則為前提。招式架子以循經為準據，動作舉止，轉化遲速當以氣血循環為依據。循經之法度如日月經天，達到陰陽水火相推，如環無端，莫知其紀。

《中國太極拳內操外為之準則》

丹道　丹成九轉，金風吹脈，金氣朝元。（丹元修脈）
武功　諸種行功，操演內外氣脈循經。（十三式行功）

內操　潛氣內行，修脈氣化，循經有度，在內者氣，自悟而明。
外為　傳習武學，剛柔共之，如環無端，在外者形，運轉自如。

太極參真，通達人事，歷盡修為，古今宗傳，體脈分明，
　　　　　以太極而修真，以採陰復歲月，期之生化，道武合真。

　　　　　中國太極拳之成熟脈流在國學宗風中涉示時代概圖
　　　　　統真密藏·武輪演真圖·宗脈流真源承圖·節錄太極部分　終

　　　　　丙子年端午後重校《中國太極拳統真大典》著文題記

　　　　　武當天龍神劍·張三豐祖師授龍形大草第九代傳真
　　　　　武當太乙鐵松派十三代
封真而後　武當先天太極拳十八代　　　掌門　真陽李兆生記錄·納入《中國太極拳統真大典》
　　　　　九脈合真·龍虎堂廿三代
　　　　　武當真元玄宗丹脈第九代（武當真元內脈丹法）

大展出版社有限公司
品冠文化出版社
圖書目錄

地址：台北市北投區(石牌)
致遠一路二段 12 巷 1 號
郵撥：01669551＜大展＞
19346241＜品冠＞

電話： (02) 28236031
28236033
28233123
傳真： (02) 28272069

5.	開拓未來的他界科學	陳蒼杰譯	220 元
6.	世紀末變態心理犯罪檔案	沈永嘉譯	240 元
7.	366 天開運年鑑	林廷宇編著	230 元
8.	色彩學與你	野村順一著	230 元
9.	科學手相	淺野八郎著	230 元
10.	你也能成為戀愛高手	柯富陽編著	220 元
11.	血型與十二星座	許淑瑛編著	230 元
12.	動物測驗—人性現形	淺野八郎著	200 元
13.	愛情、幸福完全自測	淺野八郎著	200 元
14.	輕鬆攻佔女性	趙奕世編著	230 元
15.	解讀命運密碼	郭宗德著	200 元
16.	由客家了解亞洲	高木桂藏著	220 元

・女醫師系列・ 品冠編號 62

1.	子宮內膜症	國府田清子著	200 元
2.	子宮肌瘤	黑島淳子著	200 元
3.	上班女性的壓力症候群	池下育子著	200 元
4.	漏尿、尿失禁	中田真木著	200 元
5.	高齡生產	大鷹美子著	200 元
6.	子宮癌	上坊敏子著	200 元
7.	避孕	早乙女智子著	200 元
8.	不孕症	中村春根著	200 元
9.	生理痛與生理不順	堀口雅子著	200 元
10.	更年期	野末悅子著	200 元

・傳統民俗療法・ 品冠編號 63

1.	神奇刀療法	潘文雄著	200 元
2.	神奇拍打療法	安在峰著	200 元
3.	神奇拔罐療法	安在峰著	200 元
4.	神奇艾灸療法	安在峰著	200 元
5.	神奇貼敷療法	安在峰著	200 元
6.	神奇薰洗療法	安在峰著	200 元
7.	神奇耳穴療法	安在峰著	200 元
8.	神奇指針療法	安在峰著	200 元
9.	神奇藥酒療法	安在峰著	200 元
10.	神奇藥茶療法	安在峰著	200 元
11.	神奇推拿療法	張貴荷著	200 元
12.	神奇止痛療法	漆浩著	200 元

・常見病藥膳調養叢書・ 品冠編號 631

1.	脂肪肝四季飲食	蕭守貴著	200 元

2. 高血壓四季飲食　　　　秦玖剛著　200元
3. 慢性腎炎四季飲食　　　魏從強著　200元
4. 高脂血症四季飲食　　　　薛輝著　200元
5. 慢性胃炎四季飲食　　　馬秉祥著　200元
6. 糖尿病四季飲食　　　　王耀獻著　200元
7. 癌症四季飲食　　　　　　李忠著　200元
8. 痛風四季飲食　　　　　魯焰主編　200元
9. 肝炎四季飲食　　　　　王虹等著　200元
10. 肥胖症四季飲食　　　　李偉等著　200元
11. 膽囊炎、膽石症四季飲食　謝春娥著　200元

・彩色圖解保健・品冠編號64

1. 瘦身　　　　　　　　主婦之友社　300元
2. 腰痛　　　　　　　　主婦之友社　300元
3. 肩膀痠痛　　　　　　主婦之友社　300元
4. 腰、膝、腳的疼痛　　主婦之友社　300元
5. 壓力、精神疲勞　　　主婦之友社　300元
6. 眼睛疲勞、視力減退　主婦之友社　300元

・心 想 事 成・品冠編號65

1. 魔法愛情點心　　　　　結城莫拉著　120元
2. 可愛手工飾品　　　　　結城莫拉著　120元
3. 可愛打扮 & 髮型　　　　結城莫拉著　120元
4. 撲克牌算命　　　　　　結城莫拉著　120元

・熱 門 新 知・品冠編號67

1. 圖解基因與 DNA　　（精）　中原英臣 主編　230元
2. 圖解人體的神奇　　（精）　米山公啟 主編　230元
3. 圖解腦與心的構造　（精）　永田和哉 主編　230元
4. 圖解科學的神奇　　（精）　鳥海光弘 主編　230元
5. 圖解數學的神奇　　（精）　柳 谷 晃　著　250元
6. 圖解基因操作　　　（精）　海老原充 主編　230元
7. 圖解後基因組　　　（精）　才園哲人　著　230元

・法律專欄連載・大展編號58

台大法學院　　法律學系／策劃
　　　　　　　法律服務社／編著

1. 別讓您的權利睡著了(1)　　　　　200元
2. 別讓您的權利睡著了(2)　　　　　200元

・彩色圖解太極武術・大展編號 102

・國際武術競賽套路・大展編號 103

・簡化太極拳・大展編號 104

2. 楊式太極拳十三式	楊振鐸編著	200 元
3. 吳式太極拳十三式	李秉慈編著	200 元
4. 武式太極拳十三式	喬松茂編著	200 元
5. 孫式太極拳十三式	孫劍雲編著	200 元
6. 趙堡式太極拳十三式	王海洲編著	200 元

·中國當代太極拳名家名著· 大展編號 106

1. 太極拳規範教程	李德印著	550 元
2. 吳式太極拳詮真	王培生著	500 元
3. 武式太極拳詮真	喬松茂著	420 元

·名師出高徒· 大展編號 111

1. 武術基本功與基本動作	劉玉萍編著	200 元
2. 長拳入門與精進	吳彬等著	220 元
3. 劍術刀術入門與精進	楊柏龍等著	220 元
4. 棍術、槍術入門與精進	邱丕相編著	220 元
5. 南拳入門與精進	朱瑞琪編著	220 元
6. 散手入門與精進	張山等著	220 元
7. 太極拳入門與精進	李德印編著	280 元
8. 太極推手入門與精進	田金龍編著	220 元

·實用武術技擊· 大展編號 112

1. 實用自衛拳法	溫佐惠著	250 元
2. 搏擊術精選	陳清山等著	220 元
3. 秘傳防身絕技	程崑彬著	230 元
4. 振藩截拳道入門	陳琦平著	220 元
5. 實用擒拿法	韓建中著	220 元
6. 擒拿反擒拿 88 法	韓建中著	250 元
7. 武當秘門技擊術入門篇	高翔著	250 元
8. 武當秘門技擊術絕技篇	高翔著	250 元

·中國武術規定套路· 大展編號 113

1. 螳螂拳	中國武術系列	300 元
2. 劈掛拳	規定套路編寫組	300 元
3. 八極拳	國家體育總局	250 元
4. 木蘭拳	國家體育總局	230 元

·中華傳統武術· 大展編號 114

| 1. 中華古今兵械圖考 | 裴錫榮主編 | 280 元 |

2.	武當劍	陳湘陵編著	200元
3.	梁派八卦掌（老八掌）	李子鳴遺著	220元
4.	少林72藝與武當36功	裴錫榮主編	230元
5.	三十六把擒拿	佐藤金兵衛主編	200元
6.	武當太極拳與盤手20法	裴錫榮主編	220元

・少林功夫・ 大展編號115

1.	少林打擂秘訣	德虔、素法編著	300元
2.	少林三大名拳 炮拳、大洪拳、六合拳	門惠豐等著	200元
3.	少林三絕 氣功、點穴、擒拿	德虔編著	300元
4.	少林怪兵器秘傳	素法等著	250元
5.	少林護身暗器秘傳	素法等著	220元
6.	少林金剛硬氣功	楊維編著	250元
7.	少林棍法大全	德虔、素法編著	250元
8.	少林看家拳	德虔、素法編著	250元
9.	少林正宗七十二藝	德虔、素法編著	280元
10.	少林瘋魔棍闡宗	馬德著	250元
11.	少林正宗太祖拳法	高翔著	280元

・原地太極拳系列・ 大展編號11

1.	原地綜合太極拳24式	胡啟賢創編	220元
2.	原地活步太極拳42式	胡啟賢創編	200元
3.	原地簡化太極拳24式	胡啟賢創編	200元
4.	原地太極拳12式	胡啟賢創編	200元
5.	原地青少年太極拳22式	胡啟賢創編	220元

・道學文化・ 大展編號12

1.	道在養生：道教長壽術	郝勤等著	250元
2.	龍虎丹道：道教內丹術	郝勤著	300元
3.	天上人間：道教神仙譜系	黃德海著	250元
4.	步罡踏斗：道教祭禮儀典	張澤洪著	250元
5.	道醫窺秘：道教醫學康復術	王慶餘等著	250元
6.	勸善成仙：道教生命倫理	李剛著	250元
7.	洞天福地：道教宮觀勝境	沙銘壽著	250元
8.	青詞碧簫：道教文學藝術	楊光文等著	250元
9.	沈博絕麗：道教格言精粹	朱耕發等著	250元

・易學智慧・ 大展編號122

1.	易學與管理	余敦康主編	250元
2.	易學與養生	劉長林等著	300元

國家圖書館出版品預行編目資料

中國循經太極拳二十四式教程／李兆生　著
　　──初版，──臺北市，大展，2004〔民93〕
　　面；21公分，──（武術特輯；58）
　　ISBN　957-468-311-7（平裝）

1.太極拳
528.972　　　　　　　　　　　　　　93007877

北京人民體育出版社授權中文繁體字版

中國循經太極拳二十四式教程　　ISBN 957-468-311-7

著　　者／李兆生

責任編輯／張建林

發 行 人／蔡森明

出 版 者／大展出版社有限公司

社　　址／台北市北投區（石牌）致遠一路2段12巷1號

電　　話／（02）28236031・28236033・28233123

傳　　眞／（02）28272069

郵政劃撥／01669551

網　　址／www.dah-jaan.com.tw

E－mail／service@dah-jaan.com.tw

登 記 證／局版臺業字第2171號

承 印 者／高星印刷品行

裝　　訂／協億印製廠股份有限公司

排 版 者／弘益電腦排版有限公司

初版1刷／2004年（民93年）8月

定　價／300元

大展好書　好書大展
品嘗好書　冠群可期

大展好書　好書大展

品嘗好書　冠群可期